Georg Renöckl

111 Orte in Nordfrankreich, die man gesehen haben muss

111

emons:

Bibliografische Information der Deutschen Nationalbibliothek
Die Deutsche Nationalbibliothek verzeichnet diese Publikation in der Deutschen Nationalbibliografie; detaillierte bibliografische Daten sind im Internet über http://dnb.d-nb.de abrufbar.

Layout: Eva Kraskes, nach einem Konzept
von Lübbeke | Naumann | Thoben
Kartografie: altancicek.design, www.altancicek.de
Kartenbasisinformationen aus Openstreetmap,
© OpenStreetMap-Mitwirkende, ODbL
Druck und Bindung: Lensing Druck GmbH & Co. KG,
Feldbachacker 16, 44149 Dortmund
Printed in Germany 2019
ISBN 978-3-7408-0559-3
Originalausgabe

Vorwort

Oberfrankreich? Hochfrankreich? Die deutsche Übersetzung von »Hauts-de-France«, wie das oberste der sechs Ecken Frankreichs seit 2016 heißt, stiftet nur Verwirrung. Also doch lieber einfach »Nordfrankreich«. Und nein, das ist nicht die Normandie, die liegt von hier aus gesehen im Südwesten …

Frankreichs nördlichster Zipfel hat zwar keinen deutschen Namen, aber viel zu bieten: Märchenschlösser und Weltkriegs-Schlachtfelder, Zisterzienserruinen und Nazi-Bunker, erhabene Kathedralen und berghohe Abraumhalden, Chicorée und Champagner, einige der schönsten Küstenabschnitte, den weitesten Himmel, das beste Bier und den stinkigsten Käse Frankreichs zum Beispiel.

Es ist wohl seine Vielfalt, die den Landstrich so schwer zu fassen macht: Er besteht aus einem Teil der historischen Île-de-France, den ehemaligen Provinzen Picardie, Hennegau und Artois sowie einem guten Stück Flandern. Eine der »natürlichen«, leicht zu verteidigenden Grenzen, bis zu denen die französischen Könige ihr Reich an seinen anderen Ecken ausdehnten, sucht man hier vergeblich: Seit jeher ist die nach allen Seiten hin offene Region Begegnungszone, Reibefläche und Schmelztiegel der Völker und Kulturen. Von der Antike bis ins 20. Jahrhundert marschierten zahllose Heere durch das Gebiet, das immer wieder den Besitzer wechselte. Seine Hauptstadt Lille darf sich mit dem Titel der meistbelagerten Stadt Frankreichs schmücken. Florierender Handel, blühende Industrie und reiche Steinkohlevorkommen lockten aber auch Hunderttausende auf friedlichem Weg in Frankreichs hohen Norden.

Vielleicht kommt daher die legendäre Herzlichkeit der Bewohner einer Region, die durch ihren Reichtum an Kulturen, Landschaften und Geschichte als kleines Best-of Frankreichs gelten kann und die doch nicht auf den touristischen To-do-Listen steht. Badehose und Regenschirm nicht vergessen!

111 Orte

1 Der Chevalier de La Barre

Der letzte wegen Blasphemie hingerichtete Franzose

Er wäre ein exzellenter Offizier geworden, schrieb Voltaire über den Chevalier François-Jean Lefebvre de La Barre. Die letzten Worte des 20-Jährigen, der am 1. Juli 1766 in Abbeville enthauptet wurde, lauteten: »Ich dachte nicht, dass man einen jungen Mann von Stand wegen einer solchen Kleinigkeit sterben lassen könne.« Zuvor hatte man ihm die Beine mit spanischen Stiefeln zermalmt. Der Gefolterte tröstete den weinenden Priester, der ihm zur Seite stehen sollte. Die Henker verzichteten angesichts seiner Tapferkeit darauf, de La Barre wie vorgesehen die Zunge abzuschneiden. Auf seinen Torso wurde eine Ausgabe von Voltaires Philosophischem Wörterbuch genagelt, ehe man ihn verbrannte.

Was für ein schreckliches Verbrechen hatte der Mann begangen, um so grausam bestraft zu werden? So genau weiß man es nicht. Ein Kreuz auf einer Brücke in Abbeville war beschädigt worden. De La Barre und zwei Freunde hatten vor einer Fronleichnamsprozession die Hüte nicht abgenommen. Zeugen erklärten, man munkle, die drei hätten obszöne Lieder gesungen. Und man fand zwei erotische Bücher sowie Voltaires Wörterbuch bei dem Verdächtigen. Das genügte für eine Verurteilung wegen Blasphemie und »abscheulichen Sakrilegen«.

Während der Revolution wurde der Chevalier rehabilitiert. 1902 begannen Lehrer und Schüler des Gymnasiums von Abbeville, Kränze an der Stätte des Justizmordes niederzulegen. De La Barre wurde zum Symbol für die Trennung von Kirche und Staat in Frankreich, 1907 kamen 15.000 Menschen zur Einweihung seines Denkmals am Ort seiner barbarischen Hinrichtung. Nach wie vor treffen sich dort jährlich Freidenker aus ganz Frankreich, christliche Fundamentalisten beschmieren die Stele regelmäßig mit Kreuzen. Sie trägt die etwas sperrige Inschrift »Vom Proletariat für die vollkommene Emanzipation des menschlichen Denkens errichtetes Monument«.

Adresse 24 Rue Jean Jaurès, 80100 Abbeville | Anfahrt Das Denkmal befindet sich am rechten Ufer des Somme-Kanals direkt bei der Brücke Pont de la Gare. | Tipp Das vom Zweiten Weltkrieg schwer gezeichnete Abbeville ist ein Zentrum der Flamboyant-Gotik. Die Fassade der Kirche Saint Vulfran, die Abtei Saint Riquier sowie die Heiliger-Geist-Kapelle im Städtchen Rue sollte man nicht versäumen.

2 Der Ring der Erinnerung

Das schönste Kriegerdenkmal Frankreichs

Als würden sie bis in alle Ewigkeit Uniform tragen müssen, liegen Hunderttausende in Reih und Glied in den Soldatengräbern Nordfrankreichs. »Mort pour la France«, steht auf jedem französischen Grab. Wofür ihre deutschen Gegner gestorben waren, wusste nach dem Krieg niemand mehr so genau. Angemessen wäre wohl ein Zitat aus dem Roman »Friedensgericht« des österreichisch-ungarischen Autors Andreas Latzko: »Es sind Menschen schon gestorben für ihren Glauben, für ihre Freiheit, oder aus gemeiner Beutegier. Aber ohne Anteil am Gewinn, gegen den eigenen Glauben, gegen die eigene Freiheit, so wie wir? Noch nie!«

Der nur 165 Meter hohe Hügel von Notre-Dame-de-Lorette ist einer der Orte, für dessen – strategisch wichtigen – Besitz 188.000 junge Männer in den Tod geschickt wurden. Zweifellos ein würdiger Ort für eine der vielen französischen Nekropolen, doch erst 100 Jahre nach dem Weltkrieg hat man die angemessene Form gefunden, der gesamten so leichtfertig geopferten Generation zu gedenken: Seit 2014 liegt ein Betonring von über 300 Metern Umfang neben dem Soldatenfriedhof und ragt teilweise über den Abhang hinaus. Metalltafeln mit den alphabetisch geordneten Namen von 580.000 auf den Schlachtfeldern Nordfrankreichs Getöteten sind an der Innenseite des Ringes angebracht, den man, die Namen lesend, entlanggehen kann. Kein tieferer Sinn oder höherer Zweck ihres Sterbens wird den Toten im Nachhinein aufgezwungen, kein Vaterland, kein Dienstgrad, keine Religion und keine Nationalität. Name für Name ist in die Tafeln graviert, ohne Unterscheidung. So geht man vorbei an den Metalltafeln voller Smiths und Schmidts, Taylors und Schneiders, Bruckners und Duponts – der richtige Ort, um ungestört von pathetischen Floskeln darüber nachzudenken, was ohne die Massaker, die eine ganze Generation vernichteten, aus Europa und der Welt hätte werden können.

Adresse Nécropole Nationale de Notre-Dame-de-Lorette, 62153 Ablain-Saint-Nazaire | Anfahrt Von der D 937 dem Wegweiser »Nécropole Nationale Notre-Dame-de-Lorette« folgen, der Ring der Erinnerung liegt genau gegenüber dem Eingang zum Soldatenfriedhof. | Öffnungszeiten täglich 8.30–23 Uhr | Tipp Die zerstörte Kirche von Ablain-Saint-Nazaire, direkt unterhalb des Loretto-Hügels, war ein flamboyant-gotisches Schmuckstück, dessen Ruinen als Mahnmal belassen wurden. Bombardiert wurde sie von der französischen Artillerie, die befürchtete, dass sie den Deutschen als Beobachtungsposten dienen würde.

3 Das Fort Vauban

Der kleine Mont-Saint-Michel von Ambleteuse

»*Fluctuat nec mergitur*« lautet der Wahlspruch von Paris: Von den Wogen gebeutelt, geht es doch nicht unter. Er passt auch zur kleinen Festung von Ambleteuse, die bei Flut nur über einen von der Gischt überschwemmten Steig erreichbar ist, während sie bei Ebbe mitten auf einem breiten Sandstrand steht. Sie ist die einzige erhaltene Küstenfestung von Sébastien Le Prestre de Vauban, dem genialen Baumeister des Sonnenkönigs. Als junger Provinz-Adeliger hatte sich Vauban zunächst an der Fronde beteiligt, der breiten Revolte gegen die absolutistischen Reformen des jungen Ludwig XIV., lief jedoch früh zu den königstreuen Truppen über. Sein militärisches Talent stellte er bei den erfolgreichen Belagerungen der flandrischen Städte Lille, Tournai und Douai unter Beweis, die er leitete. Danach wechselte Vauban erneut die Seiten und wurde vom Eroberer zum Verteidiger: Der König beauftragte ihn, die neuen Grenzen seines Reiches so zu befestigen, dass die gewonnenen Territorien auch französisch bleiben würden. Vauban ließ Hunderte Festungen und ganze befestigte Städte bauen, die jahrhundertelang unüberwindlich bleiben sollten. Auch Napoleon war davon überzeugt, dass Frankreich in den Revolutionskriegen nur dank Vaubans Festungssystem erfolgreich verteidigt werden konnte.

Nach dem Zweiten Weltkrieg jedoch schienen dem französischen Staat die alten Festungen endgültig überholt: Das schwer beschädigte Fort von Ambleteuse, in das die deutschen Besatzer eine Geschützstellung betoniert hatten, war günstig zu haben. Eine Vereinigung von Bürgern, die die alte Anlage vor dem endgültigen Verfall retten wollte, bezahlte dafür nur einen symbolischen Franc. Die um ihr kulturelles Erbe besorgten Bürger investierten unzählige Arbeitsstunden in die Restaurierung des Forts, das heute wieder selbstbewusst den Gezeiten trotzt – es steht am Strand wie die Mutter aller Sandburgen.

Adresse Boulevard de la Liberté, 62164 Ambleteuse | **Anfahrt** Das Fort liegt an der Küste direkt unterhalb des Ortszentrums. | **Öffnungszeiten** So 15–18 Uhr, im Juli und Aug. auch Sa und an Feiertagen | **Tipp** Die Dünen der Slack zwischen Ambleteuse und Wimereux sind ideal für ausgedehnte Spaziergänge und kleine Wanderungen – einfach das Auto stehen lassen und losmarschieren, die Ausblicke sind herrlich.

4 Der Marionettenschnitzer

Besuch in der Werkstatt

Der Fuß einer pikardischen Marionette muss besonders stabil sein: »Zum Schluss bekommt der Gendarm immer ein paar Fußtritte von Lafleur. Das ist für mich eine ziemliche Herausforderung«, erzählt Michel Petit. Als letzter Marionettenschnitzer der Stadt hält er eine Tradition am Leben, die seit 1750 dokumentiert, aber wohl um einiges älter ist. Im frühen 20. Jahrhundert gab es in Amiens noch 70 Marionettentheater. Eines davon – »Chés Cabotans« – hat die Weltkriege und selbst die Erfindung von Kino und Fernsehen überlebt. Star jedes Abends ist dort Lafleur, ein Lebemann im roten Samtanzug, dem Stoff, der einmal mitverantwortlich war für den Reichtum der Stadt. Michels Lebensgefährtin Nicole Vifguin näht die Kostüme für Lafleur, seine Freundin Sandrine und all die anderen Marionetten, die das traditionelle, aber stets auch zeitkritisch-aktuelle Spektakel braucht. Seit 35 Jahren arbeiten die beiden zusammen, ausgelernt haben sie noch nicht: »Die Marionette ist unerschöpflich.« Sie wird an einer dünnen Metallstange gehalten. Die Gliedmaßen müssen sich unabhängig voneinander bewegen können, und das, ohne Nägel zu verwenden – die könnten ausbrechen. Stabil müssen die Marionetten sein, damit sie Hunderte Vorstellungen durchstehen. Und natürlich ist da noch die Sache mit den Fußtritten.

Michel ist ein Perfektionist, der sich erst dann mit einer Marionette zufriedengibt, wenn sie seinen eigenen Ansprüchen genügt. Als er den Auftrag bekam, einen Wolf für ein Theaterstück zu schnitzen, wollte er, dass dessen Maul beweglich war und beim Zuklappen ein lautes Geräusch machte – 70 Arbeitsstunden hat ihn das gekostet. Das Resultat seiner Mühen sind kleine Kunstwerke, die nicht verkäuflich sind und ohnehin unbezahlbar wären. Einen Blick in die Marionettenwerkstatt mitten in Saint-Leu zu werfen, das kostet hingegen nichts außer einer freundlichen Bitte.

Adresse 45 Rue d'Engoulvent, 80000 Amiens | Anfahrt über die A 16 und die A 29 nach Amiens, von der Kathedrale kommend in Richtung Somme gehen, beim Überqueren der Brücke bei der Statue »L'homme sur la bouée« bei erster Gelegenheit links abbiegen | Tipp Die Hortillonages besuchen Sie ohnehin – werfen Sie bei Gelegenheit auch einen Blick ins weniger bekannte, aber liebevoll eingerichtete Museum, das ein ehemaliger Gärtner vor ein paar Jahren eröffnet hat: Musée des Hortillonages, 21 Impasse Marcel, 80136 Rivery, Juli – Okt. Sa – Mo 14 – 19 Uhr, April – Juni Sa, So 14 – 19 Uhr.

5 La Tour Perret

Europas höchster Nachkriegs-Wolkenkratzer

Auguste Perret (1874–1954) war einer der Pioniere des Stahlbetons und gehörte zu den relativ seltenen Architekten, die eine Wohnung im selbst geplanten Haus aus Beton bezogen. Er bewunderte die Bauten des alten Griechenland und liebte die Architektur des 18. Jahrhunderts mit ihren bodentiefen Fenstern. Keinesfalls wollte er die Klassiker imitieren, sondern lieber »das tun, was jene an unserer Stelle gemacht hätten«. Perret war überzeugt davon, dass es der Beton mit »noblen« Baumaterialien wie Naturstein aufnehmen könne, wenn man ihn nur richtig behandelte. Mit Hilfe eines ausgeklügelten Fertigteilsystems baute er das komplett zerstörte Le Havre nach dem Zweiten Weltkrieg in Rekordzeit wieder auf und brachte mehr Licht und Luft in die vormals dicht verbaute, unhygienische normannische Hafenstadt. Schön fand man das die längste Zeit zwar nicht, doch heute ist die Stadt aus Licht, Luft und Beton Weltkulturerbe, zum Stolz ihrer Einwohner.

Auch von Amiens' historischem Zentrum hatten die deutschen Bombardements von 1940 so gut wie nichts übrig gelassen. Perret wurde mit der Planung des neuen Bahnhofsviertels betraut und errichtete dort gleich ein neues Wahrzeichen, den mit 104 Metern höchsten Wolkenkratzer Europas, jedenfalls damals. Wie der Eiffelturm stieß er auf heftige Ablehnung. Dass niemand darin wohnen wolle, schrieb die Tageszeitung »Courrier picard«, sei verständlich: Wie sollten die bedauernswerten Bewohner des Hochhauses schließlich Karotten, Lauch oder Rüben anbauen?

Ein in der Tat ungelöstes Problem. Die Einwohner von Amiens haben den einst ungeliebten Turm, den seit 2005 eine Lichtskulptur krönt und nachts in eine Art Leuchtturm verwandelt, mittlerweile aber ins Herz geschlossen. Die aussichtsreichen Wohnungen im längst denkmalgeschützten Wahrzeichen sind heute heiß begehrt – nur auf selbst gezogenes Gemüse muss man nach wie vor verzichten.

Adresse 13 Place Alphonse-Fiquet, 80000 Amiens – direkt gegenüber dem Bahnhof. Eine Wohnung im 19. und eine im 23. Stock werden an Touristen vermietet: Informationen unter www.panoramiens.com und www.welcomeamiens360.fr. | **Anfahrt** Der Wolkenkratzer befindet sich am Ostrand des Zentrums von Amiens, unmittelbar gegenüber dem Bahnhof an der Ecke Rue Noyon und Place Alphonse Fiquet. | **Tipp** Die Qualität der Nachkriegsarchitektur im Zentrum von Amiens ist unterschiedlich. Wirklich gelungen ist Henri Gaudins 1993 errichteter Universitätsneubau im St.-Leu-Viertel – eine harmonische und doch kompromisslos moderne Bereicherung des alten Viertels mit Backsteinfassade.

6 Der traurige Putto

Mit den Engeln heulen

Der erste Anblick der Westfassade, der erste Schritt in den Kirchenraum der Kathedrale von Amiens – das sind erhebende Momente, die man nicht so schnell vergisst. Man spürt den Sog dieses höchsten Kirchenschiffs des Mittelalters fast körperlich, es kribbelt in der Kopfhaut, alles hier drin scheint sich bereit zu machen für die kollektive Apotheose. Mit offenem Mund und himmelwärts gerichtetem Blick wandelt man durch das steingewordene Streben nach dem Licht – und dann begegnet man dem hier: Mitten im himmelhoch jauchzenden Drängen nach oben sitzt ein zu Tode betrübter steinerner Putto, dessen Wesen man nur mit dem österreichischen Diminutiv wirklich gerecht wird: ein Barockengerl, aber was für ein trauriges! Bitterlich weint der himmlische Knabe, dem der Babyspeck die Haut an Handgelenken und Fußknöcheln eng werden lässt, am Grabmal eines 1628 verstorbenen Kanonikers. Traurig stützt er sein Gesicht in die Hand, als hätte er sich die Pose von den Erwachsenen abgeschaut (aber gibt es die bei Engeln?), der Ellbogen ruht auf einem Totenschädel.

Nicolas Blasset hieß der Bildhauer aus Amiens, der das berührende Kunstwerk geschaffen hat. Bereits auf seine Zeitgenossen tat es seine Wirkung, wie zahlreiche Kopien des Werks auf Friedhöfen in und um Amiens beweisen. Seinen größten Erfolg feierte Blasset aber viel später: Die britischen Soldaten, die zu Hunderttausenden im Ersten Weltkrieg in der Nähe von Amiens kämpften und starben, wählten das angesichts des sinnlosen Leidens und Sterbens offenbar fassungslose himmlische Wesen gern als Postkartenmotiv, wenn sie nach Hause schrieben. Sie wussten nicht, dass sie eine Gipskopie bewunderten – das Original war wegen des drohenden deutschen Artilleriebeschusses in Sicherheit gebracht worden. Die Intervention von Papst Benedikt XV. rettete schließlich die Kathedrale mitsamt ihrem weinenden Engerl.

Adresse 30 Place Notre Dame, 80000 Amiens. Der Engel befindet sich im Chor der Kathedrale, vom Hauptaltar aus gesehen schräg links. | **Anfahrt** Die Kathedrale liegt im Nordosten des Stadtzentrums unmittelbar südlich der Somme. | **Öffnungszeiten** Okt.–März 8.30–17.30 Uhr, April–Sept. 8.30–18.30 Uhr | **Tipp** An der Fassade des Fachwerkhauses gegenüber steht eine kuriose Statue. Sie stellt die heilige Ulphia dar, die den Finger an den Mund legt, da sie das Quaken der Frösche am Beten hinderte. Die restliche Hand ging verloren, nun sieht sie aus wie eine mittelalterliche Anti-Nikotin-Kampagne mit Zigarette im Mundwinkel.

7 La Table du Jardinier

Das Blumenrestaurant von Valloires

Stinknesselsuppe! Fehlen noch Krötenaugen als Einlage, und fertig ist der Hexenschmaus, oder? Völlig daneben. Stinknessel heißt die Suppeneinlage ohnehin nur auf Französisch, die etwas langweilige deutsche Übersetzung des Pflanzennamens lautet »Waldziest«. Egal, die Cremesuppe schmeckt köstlich, ihr Aroma erinnert an Steinpilze. Weiter geht es mit einem Assortiment von Salaten, bei dem sich die mitgelieferte Übersicht der dafür verwendeten Pflanzen als sehr hilfreich erweist. Der hübsche Schlangenknöterich passt wieder zum Hexen-Menü, auch Giersch und Rosenblätter sind Teil der – natürlich essbaren – Deko, aber schon beim Taboulé mit einer Fülle an unterschiedlichsten Kräutern kapituliert wohl auch der ausgebildetste Gaumen: Es schmeckt ungewohnt, vielschichtig und hervorragend, doch der Kellner weiß nur von »sehr vielen« Kräutern zu berichten. Kein Wunder, schließlich schöpft der Koch aus dem Vollen: Sein Gemüse- und Kräutergarten ist nichts anderes als der acht Hektar große Garten der Abtei von Valloires mit seinen über 5.000 verschiedenen Pflanzenarten, von Garten-Guru Gilles Clément in den 1980er Jahren neu gestaltet.

Valloires ist ein Unikat: Das im 18. Jahrhundert neu und umgebaute Kloster ist die einzige Zisterzienserabtei Frankreichs, die nicht im Zuge der Revolution oder in den Jahren danach zerstört wurde. Ein Spaziergang durch die Anlage, die sowohl die französische als auch die englische Gartenbaukunst neu interpretiert, ist genug Programm für einen Tag. Praktisch, dass man sich im Restaurant einen Picknickkorb packen lassen kann, dessen Zutaten aus dem Garten stammen: Blütenbrot, Wildgemüsesuppe, Kräuterquiche, Desserts auf Blütenbasis. Oder man stärkt sich vor oder nach dem Besuch der Anlage, die auch für ihren Rosengarten mit über 200 Rosensorten berühmt ist, im Restaurant. Mit einem Rosen-Eclair zum Beispiel.

Adresse D 192, Lieu-dit Valloires, 80120 Argoules | Anfahrt Die Gärten haben einen eigenen Eingang, Gärten und Restaurant sind gut ausgeschildert. | Öffnungszeiten Gärten: März, Okt., Nov. 10.30–18 Uhr, Mai–Sept. 10–19 Uhr; Restaurant: täglich 12–15 Uhr | Tipp Valloires liegt in einem Landstrich voll hübscher Dörfer aus Backstein und weißem Kalkputz. Eines der schönsten ist Argoules mit seinem Schlösschen und der 400-jährigen Linde im Zentrum.

8 Chez Mademoiselle

Zeitreise nach 1915

Jeder Rugby-Fan kennt diese Stadt: »Mademoiselle from Armentières« zählt zum Standardrepertoire der in der »dritten Halbzeit« nach dem Match gegrölten Schlachtgesänge. Es schildert ursprünglich leicht frivol, in späteren Fassungen dann sehr derb die Begegnung einer jungen Frau mit Soldaten. In der Version von Line Renaud wurde das alte Lied in den 50er Jahren zum Welthit. »Man kennt es überall, außer in Frankreich«, erzählt Gonzague Carpentier kopfschüttelnd in einem Kaffeehaus, in dem die Uhr sprichwörtlich im Jahr 1915 stehen blieb: Die erste auf die Stadt abgefeuerte Granate zerstörte damals das Uhrwerk des Rathauses, die Uhr wurde während des ganzen Krieges nicht repariert. Auch das weiß heute kaum noch jemand, so Gonzague: »Anstatt die Erinnerung zu pflegen, hat man sich nach dem Krieg nur um die Textilindustrie gekümmert – und das ist jetzt alles in Asien.«

Armentières war die Welthauptstadt des Leinens, deshalb wurden seine 28.000 Einwohner bei Heranrücken der Front auch nicht evakuiert: Die Industrie sollte nicht zum Erliegen kommen. So hat Armentières das traurige Privileg, als erste von Zivilisten bewohnte Stadt einem Giftgasangriff ausgesetzt gewesen zu sein, »Operation Totentanz« genannt. Gonzague, Vizepräsident des Vereins »Mademoiselle from Armentières«, will aber keine alten Wunden offen halten, sondern nachzeichnen, wie die Menschen, egal, auf welcher Seite der Front, die Ereignisse damals erlebten. Vor allem Nachkommen alliierter Soldaten suchen in der Region auch heute noch oft Spuren ihrer Vorfahren. Das Café soll ihnen als Anlaufstelle dienen. Gonzague begrüßt seine Gäste wahlweise in britischer, französischer oder deutscher Uniform. Manche Besucher sind kurz irritiert, erzählt der Historiker aus Leidenschaft, doch dann verstehen sie sehr schnell: Es geht hier nicht um die Nationalität, sondern um die Menschen, die in den Uniformen steckten.

Adresse 34 Place Saint Vaast, 59280 Armentières, Tel. +33/673799984 | **Anfahrt** Armentières liegt etwa zehn Kilometer nordwestlich von Lille an der A 25, unmittelbar an der französisch-belgischen Grenze. | **Öffnungszeiten** Sa 14–18 Uhr, So 10–12 Uhr, während der Woche nach Vereinbarung | **Tipp** Das nahe Bailleul war die Welthauptstadt des Klöppelns. 1918 wurde die Stadt bei ihrer Wiedereroberung durch die Alliierten nahezu völlig zerstört – nur ein einziges Haus stand noch aufrecht. Heute bemerkt man das kaum: Das historische Zentrum wurde originalgetreu rekonstruiert.

9 Der Schiffsaufzug

Aufzug statt Stau – leider nur für Schiffe!

Früher ging alles gemächlicher: 1051 begann Herzog Balduin V. von Flandern mit dem Bau des Kanals von Neuffossé. 1775 war dieser schließlich fertig. Die ursprünglich zu militärischen Zwecken erdachte Wasserstraße verbindet die Flüsse Lys und Aa – und nebenbei Häfen wie Dunkerque und Calais – mit dem belgischen Kanalnetz. Als der Kanal für die Handelsschifffahrt geöffnet wurde, war es dann vorbei mit der Gemütlichkeit. Industriebetriebe siedelten sich an, reger Schiffsverkehr setzte ein.

Ein Niveauunterschied von 13 Metern bei Les Fontinettes führte zu langen Wartezeiten und regelrechten Staus auf der Wasserstraße. Eine »Leiter« von fünf Schleusen sollte Abhilfe schaffen. Sie ermöglichte die Überwindung des Höhenunterschiedes aufwärts in eineinhalb Stunden und abwärts in einer guten Stunde. Vier Tage lang durften Schiffe nur kanalaufwärts fahren, drei Tage nur hinunter – so konnten immerhin 40 Lastkähne pro Tag abgefertigt werden. Viel zu wenig, beschwerten sich die Industriebosse und machten Druck. 1881 wurde mit dem Bau eines Schiffshebewerks begonnen, wie es bereits in England existierte: Dank einem ausgeklügelten hydraulischen Aufzug überwanden Schiffe die 13 Meter von nun an in nur 22 Minuten, 100 Lastkähne konnten jetzt täglich Les Fontinettes passieren. Für die 13.000 Péniches, die am Ende des 19. Jahrhunderts im Jahr vorbeikamen, war das ausreichend. Doch die Schiffe wurden nicht nur mehr, sondern auch größer – aus den 300 Tonnen Ladekapazität der alten Lastkähne wurden 3.000. 1963 schlug die letzte Stunde des alten Hebewerks: Eine neue Schleuse wurde an der Stelle der alten Leiter gebaut, der Aufzug außer Dienst gestellt. Engagierte Bürger retteten das kuriose Ding vor dem bereits beschlossenen Abriss. Seit 2013 steht Frankreichs erster und einziger Schiffsaufzug nun sogar unter Denkmalschutz und kann besichtigt werden.

Adresse 21 Rue Denis Papin, 62510 Arques, Tel. +33/321885900 | **Anfahrt** Arques grenzt unmittelbar an Saint-Omer. Von dessen Zentrum aus nimmt man zunächst die Avenue Charles de Gaulle, biegt am großen Kreisverkehr südlich des Zentrums in die Avenue Léon Blum (D 211) und folgt dieser über die Brücke, die über den Canal de Neuffossé führt. Den Wegweisern »Les Fontinettes« folgen. | **Öffnungszeiten** April–Sept. Mo–Fr 10–12 und 14–18 Uhr, Sa, So und feiertags 14–18 Uhr | **Tipp** Die Glasindustrie zählte zu den ersten, die sich in Arques ansiedelten. Die Cristallerie d'Arques gehört zu den bekanntesten, das Werk kann auch besichtigt werden: Zone Industrielle, 132 Avenue du Général de Gaulle, 62510 Arques. Anmeldung: visite-usine@arc-itl.com.

10 Die Carrière Wellington

Überraschungsangriff von unten

Als General Nivelle 1917 das alliierte Oberkommando übernahm, wollte er Schluss machen mit dem Stellungskrieg: Ein Durchbruch beim Chemin des Dames müsste den Krieg binnen weniger Tage beenden. Parallel zur französischen Attacke sollten von den britischen Streitkräften geführte Angriffe an anderen Bereichen der Front deutsche Kräfte binden. Einer dieser Punkte: Arras, die Stadt mit den großen, von flämisch-barocken Häusern gesäumten Plätzen, seit Februar 1916 evakuiert, von der deutschen Artillerie längst in Trümmer geschossen. Die Truppen aus dem britischen Empire bereiteten ihre Aktion gründlich vor: Neuseeländische Bergleute erweiterten und verlängerten in monatelanger Schwerarbeit die mittelalterlichen Steinbrüche der Stadt. Im von ihnen geschaffenen Stollensystem von 19 Kilometern konnten 24.000 Soldaten während einer Woche versteckt und von den Deutschen unbemerkt an die Front herangeführt werden.

Die Überraschung gelang. Nach einer Ostermesse am 9. April 1917 stürmten Australier, Briten und Neuseeländer um 5.30 Uhr unmittelbar vor den deutschen Stellungen ins Freie, deren völlig unvorbereitete Besatzung in Massen kapitulierte. Nach schweren Kämpfen, bei denen 20.000 Soldaten starben, waren die gesetzten Ziele um 16 Uhr erreicht, die deutsche Front um Kilometer zurückgeworfen. Das britische Oberkommando gönnte den erschöpften Soldaten einen Tag Pause. »Wären die Briten weitergegangen, wäre alles anders gekommen«, meinte dazu der deutsche Oberkommandierende Ludendorff. In der geschenkten Zeit konnten die Deutschen frische Truppen herbeiholen und die Stellungen befestigen. Die britische Offensive blieb wie Nivelles großer Durchbruch stecken.

Was heute noch bleibt, sind einige hundert für Besucher geöffnete Meter des »Wellington-Steinbruchs«, in dem eine Woche lang 24.000 Menschen ausharrten. Ein bewegender Besuch weit unter Tag – warme Kleidung nicht vergessen!

Adresse Rue Arthur Delétoille, 62000 Arras, Tel. +33/321512695, www.carrierewellington.com | **Anfahrt** Über die A 1 oder die A 26 nach Arras, zunächst in Richtung Stadtzentrum fahren. Die Carrière Wellington ist gut ausgeschildert und liegt etwas südlich der Altstadt an der D 917. | **Öffnungszeiten** täglich 10–12.30 und 13.30–18 Uhr | **Tipp** Verpassen Sie keinesfalls den Belfried von Arras (bequem mit dem Aufzug zu »besteigen«), am besten nach dem Besuch im Steinbruch: Der Blick über die originalgetreu wieder aufgebaute Stadt und ihre großzügigen Plätze ist noch beeindruckender, wenn man die Bilder ihrer Zerstörung kennt.

11 Die Batterie Todt

Todt und Jungfrau

Als »Reichsminister für Bewaffnung und Munition« ließ Fritz Todt Zigtausende Tonnen Beton mischen, um den Atlantikwall zu errichten. Das besondere Augenmerk der »Organisation Todt« galt der engsten Stelle des Ärmelkanals beim Cap Gris-Nez, wo England nur 40 Kilometer entfernt ist. Ein riesiges Bunkersystem und auf Gleisen montierte Artilleriekanonen mit einer Reichweite von 80 Kilometern sollten den Ärmelkanal für deutsche Schiffe frei und die Alliierten von der französischen Küste fernhalten. Es kam bekanntlich anders. Heute ist die nach ihrem Erfinder »Batterie Todt« genannte Anlage ein Privatmuseum. Eine gigantische Kanone namens Leopold steht neben dem Bunker, als wäre sie jederzeit wieder dazu bereit, die englische Südküste unter Beschuss zu nehmen. Ein Souvenirshop mit zweifelhaften Erinnerungsgegenständen schließt eine Besuchstour ab, die zu den beklemmendsten Erfahrungen zählt, die man an diesem herrlichen Flecken Erde machen kann. Sogar der kleine Wald nebenan ist Teil der düsteren Geschichte des Ortes: Er wurde zur Tarnung angelegt.

Belassen Sie es nicht dabei, das sehenswerte, aber deprimierende Museum zu besichtigen. In der Maison des Deux Caps gleich daneben bekommen Sie kostenlose Wanderkartenkopien sowie Spezialitäten aus der Umgebung, die sich wunderbar zu einem kleinen Picknick zusammenstellen lassen. Rüsten Sie sich also nach Herzenslust aus und spazieren Sie zum Meer hinunter – in einer guten Viertelstunde erreichen Sie auf einem Weg quer durch Erbsenfelder den »Cran Poulet«, eine kleine Bucht zwischen den Felsen, die von einer Statue der Jungfrau Maria geschmückt wird. Der Fels ist blaugrau, ein paar Bunkerreste wurden kreativ bemalt, das Meer schillert in der ganzen Bandbreite von blaugrünen Opalnoten, die dem Küstenabschnitt seinen Namen gegeben haben – hier kommt auch die aufgewühlteste Seele wieder ins Lot.

Adresse Musée du Mur de l'Atlantique – Batterie Todt, Cap Gris-Nez, 62179 Audinghen, www.batterietodt.com, Tel. +33/966919733 | Anfahrt Audinghen liegt an der D 940 zwischen Wissant und Audresselles, das Museum ist von der Straße aus gut zu sehen. | Öffnungszeiten Juli, Aug. 10–18.30 Uhr, April–Juni, Sept., Okt. 10–18 Uhr, Mo erst ab 14 Uhr, Febr., März, Nov. 14–17.30 Uhr | Tipp Man kann die Aussicht auch aus dem Auto genießen, intensiver erlebt man die Landschaft aber bei einer Küstenwanderung: Der Sentier des Crans verbindet Audresselles und das Cap Griz-Nez auf einer etwa zwölf Kilometer langen Rundwanderung von gut drei Stunden Wegzeit.

12 Le Bois de Cise

Auf Fels gebaut – was heißt das schon …

»Ärmelkanal«, das klingt so harmlos. Erreicht man ihn jedoch über die Stufen der Treppenanlage von Bois de Cise, wartet dort ein Schild mit der Aufschrift »Danger de mort«, also: Lebensgefahr. Wie zur Bestätigung brüllt einem das Stück Ozean, dessen Namen die Harmlosigkeit nur vortäuscht, schon von Weitem entgegen. Das Geräusch Tausender Lkw-Ladungen von Kieselsteinen, die hier von den heranbrausenden Wogen rundgeschliffen werden, ist ohrenbetäubend. Die meisten Spaziergänger bleiben auf den Stufen sitzen, der eine oder die andere wagt ein paar Schritte auf den Kieselstrand hinaus, immer mit ein wenig Sicherheitsabstand zu den Felsklippen links und rechts der kleinen, steilen Bucht. Als hätte jemand ein Haus ins Wasser geworfen, liegen Mauerreste zwischen den Steinen, stark abgerundet, aber deutlich erkennbar. Man blickt nach oben zur bröckeligen Felskante: Es wird doch nicht …

Wer weiß. Folgt man dem vom Parkplatz ausgehenden markierten Wanderweg die Küste entlang, machen auch dort Schilder auf die Gefahr aufmerksam: Auf weniger als zehn Meter sollte man sich der Kante nicht nähern. Mit gutem Grund: 30 Zentimeter pro Jahr verliert die Küste hier ans gefräßige Meer, satte 70 Meter waren es im 20. Jahrhundert. Das Städtchen Ault trotzt der Erosion seit Jahrhunderten zu einem hohen Preis: 1529 begrub ein erster Felssturz die Hafenstadt. Man baute sie wieder auf, die Fischerei prosperierte. 1770 zerstörte ein erneuter Felssturz die Stadt, die diesmal weit im Landesinneren neu errichtet wurde. Heute liegt sie wieder direkt am Meer. Hier in Bois de Cise, etwas südlich von Ault, merkt man wenig von der rohen Gewalt des Ozeans. Kokette Villen aus dem 19. Jahrhundert stehen in einem lockeren Wäldchen, ein Serpentinenpfad mit zahlreichen Aussichtsbänken schlängelt sich in Richtung der Stiege zum Wasser. Selten ist es verlockender, sich in Lebensgefahr zu begeben.

Adresse Square Pomeranz, 80460 Ault | **Anfahrt** auf der D 940 zwischen Mers-les-Bains und Saint-Valery-sur-Somme dem Wegweiser zur D 940E (Route du Vieux Chêne Cise) folgen | **Tipp** Ein schöner Kontrast zum rauen Ault ist der prachtvolle Belle-Époque-Badeort Mers-les-Bains direkt an der Grenze zur Normandie mit seinen bunten Strandhäusern und Balkonen.

13 Die Dombaustelle

Der höchste Chor der Christenheit

Nichts ist so ärgerlich wie Urlaubsbilder, bei denen man erklären muss, was man darauf sehen könnte, wenn – ja, wenn die Sehenswürdigkeit nicht hinter einem Baugerüst versteckt wäre. In Beauvais ist das ein bisschen anders: Auch dort gibt es Gerüste, vor allem im Inneren der Kathedrale. Schuld daran sind aber nicht die Denkmalpfleger, die ihrer Tätigkeit immer zur Hauptreisezeit nachgehen müssen, sondern Milon de Nanteuil. Der war im 13. Jahrhundert Graf und Bischof von Beauvais. Als seine alte Kathedrale wieder einmal abgebrannt war, entschied er sich zum Neubau. Der sollte unbedingt höher ausfallen als das, was die Konkurrenz gerade in Amiens baute. Doch Milon starb, ehe der Chor fertig war. Seinen Nachfolgern ging das Geld aus. Der unfertige Chor, der nicht dazu gedacht war, allein zu stehen, stürzte während eines Gewittersturms teilweise ein. Erst 300 Jahre später gab es ernsthafte Bemühungen, das Werk zu vollenden: Man hatte in der Zwischenzeit den mit 48,5 Metern höchsten gotischen Chor der Welt nicht nur repariert, sondern auch ein Querschiff gebaut. Nun setzte man, ehe man das Langhaus in Angriff nahm, dem Kathedralentorso noch schnell einen Vierungsturm auf – und hatte endlich Amiens übertrumpft. Mit 153 Metern war die halbe Kathedrale von Beauvais noch dazu das höchste Gebäude der Welt. Allerdings nur kurz: 1573, nach nur vier Jahren, stürzte auch dieser Turm ein. Milons Nachfolger lernten aus den Katastrophen und kümmerten sich nunmehr um die Innenausstattung.

Doch auch da war das Beste gerade gut genug: Mit einer noch immer funktionierenden Uhr aus dem Jahr 1305 und einer der schönsten astronomischen Uhren des 19. Jahrhunderts verfügt die Kathedrale über zwei weitere Superlative – einer der disparatesten Kirchenbauten der Menschheit ist das Ensemble aus dem alten romanischen Langschiff und dem megalomanischen gotischen Chor ohnehin.

Adresse Rue Saint-Pierre, 60000 Beauvais | **Anfahrt** über die A 16 oder N 31 nach Beauvais, den Hinweisschildern zur Kathedrale folgen, Parkplätze direkt am Rand des historischen Zentrums | **Öffnungszeiten** April–Okt. 10–18.15 Uhr, Nov.–März 10–12.15 und 14–17.15 Uhr | **Tipp** Die Maladrerie – wörtlich übersetzt »Krankerei« – Saint Lazare im Südosten der Stadt wurde gegründet, um Leprakranke zu betreuen. Heute beherbergt die gut erhaltene Anlage einen sehenswerten Veranstaltungssaal unter dem freigelegten Dachgebälk und einen mittelalterlichen Kräutergarten.

14 Le Châtillon

Frankreichs frischester Fisch

Wer sich hier auf einen Hafenbummel freut und insgeheim auf fotogene alte Seebären hofft, die an einer verwitterten Hafenmauer sitzen, Pastis trinken und ihre Netze flicken, wird bitter enttäuscht sein: Pittoresk ist er nämlich überhaupt nicht, der größte Fischereihafen Frankreichs. Seine Hallen verströmen bestenfalls Industrie-Charme, und wer nicht um fünf Uhr morgens bereitsteht, um wenigstens als Zaungast bei der täglichen Fisch-Auktion dabei zu sein (die Touristeninfo bietet Führungen für Frühaufsteher an), der wird auch keinen Fisch zu sehen bekommen. Dafür riecht man ihn, aber womöglich wollte man das nicht unbedingt. Nur das Möwengekreische im Hintergrund passt zur ursprünglichen Erwartungshaltung.

Im Zentrum des alles andere als touristischen Geländes befindet sich jedoch ein Ort, der in ganz Boulogne zu Recht berühmt ist: Die blau-weiß gestrichene Baracke namens »Le Châtillon« ist nicht nur das Stammlokal der hier beschäftigten Fischer und Hafenarbeiter, sondern auch ein bei Einheimischen und Kennern äußerst beliebtes Fischrestaurant. Kein Wunder: Frischer kann Fisch schließlich nicht sein, wenn er auf den Teller kommt. Das wissen die Bewohner von Boulogne, und so empfiehlt es sich auch wochentags, vorab zu reservieren. Es herrscht fröhliche Geschäftigkeit in dem Lokal, das in der Mittagszeit stets bis auf den letzten Platz gefüllt ist. Wer das Menü für 23 Euro nimmt, erspart sich langes Überlegen und bekommt beispielsweise Wildfang-Crevetten mit Basilikum und Erbsencreme zur Vorspeise, danach Köhlerfilet mit Räucherfischsauce und Grenaille-Kartoffeln, zum Abschluss frische Früchte mit Mascarponecreme, oder einen gemischten Teller mit marinierten und geräucherten Fischen, Rochenflügel in brauner Butter und Mousse au Chocolat. Wem das Menü nicht zusagt, der kann ja in die Karte schauen und angesichts der himmlischen Auswahl höllische Qualen erleiden: Auf der Karte steht so ziemlich alles, was das Meer hergibt, und das ist am Atlantik nicht gerade wenig.

Adresse 6 Rue Charles Tellier, 62200 Boulogne-sur-Mer, Tel. +33/ 321314395 | Anfahrt Die Rue Charles Tellier liegt im der Stadt zugewandten Eck des Hafens, parallel zum ganz außen entlangführenden Boulevard de Châtillon. | Öffnungszeiten Mo–Fr 11.30–15.30 Uhr | Tipp Kein Fischgeruch, sondern ein Hauch Montmartre liegt oberhalb des Hafens von Boulogne in der Luft, im Beurière-Viertel, um genau zu sein. Zumindest sind die Treppen dort ähnlich steil, einen schönen Ausblick hat man, und es gibt ein authentisches, zum Museum umfunktioniertes Fischerhaus zu sehen: 16 Rue de Machicoulis, 62200 Boulogne-sur-Mer.

15 Der Torlonia-Altar

Der schönste Altar der Welt

»Wollen Sie sich den Altar aus der Nähe anschauen?«, fragt der freundliche ältere Herr und fügt als einigermaßen unschlagbares Argument hinzu: »Es ist der schönste der Welt.«

Da kann man schon einen Blick riskieren und dem Küster zum Hauptaltar der Marienbasilika von Boulogne folgen, auch wenn es schwerfällt, ihm so einfach zu glauben: Von der Absperrung aus betrachtet wirken die Tafelbilder des Altars nur wie typische, etwas zu gründlich restaurierte Heiligenmalereien aus dem 19. Jahrhundert. Erst aus der Nähe versteht man die Begeisterung des Mesners: Der Altar wird mitnichten von Malereien geschmückt, sondern von Mosaiken, die so fein gearbeitet sind, dass sie schon auf geringe Distanz »wie gemalt« aussehen. 147 verschiedene Marmor- und Edelsteinsorten kamen bei der Ausführung des Meisterstücks aus den vatikanischen Werkstätten zum Einsatz. Vier Kirchenväter, die Heilige Jungfrau und die Evangelisten lassen den auch durch seine Dimensionen eindrucksvollen Altar zu einer der Hauptsehenswürdigkeiten der Basilika von Notre-Dame werden, deren hoch aufragende Kuppel so majestätisch über der Stadt thront.

Viele besuchen dennoch nur die dreischiffige romanische Krypta unterhalb der Kirche, die zu den größten Frankreichs zählt. Sie geht auf die Zeit zurück, als Boulogne einer der bedeutendsten Marienwallfahrtsorte der Welt war: Im 7. Jahrhundert, als König Dagobert über das Frankenreich herrschte, zogen Engel ein Boot mit einer sprechenden Marienstatue an Land. Die Statue forderte, dass eine Kirche für sie gebaut werde, was geschah. Die Madonna wurde mehrmals geraubt und wieder zurückgegeben, 1793 jedoch verbrannt. Auch die alte gotische Kathedrale wurde abgerissen. Immerhin entdeckte man beim Neubau die seit Jahrhunderten vergessene Krypta wieder – und schmückte das neue Gotteshaus dann auch gleich mit dem schönsten Altar der Welt.

Adresse 2 Parvis Notre Dame, 62200 Boulogne-sur-Mer | Anfahrt Boulogne liegt direkt an der A 16. Kommt man von Norden (Calais), empfiehlt sich aber wegen der Aussicht die Küstenstraße D 940 als Anfahrtsstrecke. | Öffnungszeiten April–Aug. 10–12 und 14–18 Uhr, Sept.–März 10–12 und 14–17 Uhr | Tipp Schöne Blicke über die Stadt, den Hafen und das Meer hat man bei einem Spaziergang auf den Stadtmauern, die die Altstadt von Boulogne nach wie vor umgeben. Gleich oberhalb der Basilika führen Stufen hinauf.

16 Saint-Pierre de Bouvines

Nationalepos auf Kirchenfenstern

Geschichte ist eben das, was man draus macht. Das wussten auch die Väter der Dritten Französischen Republik, die ihrem Land nach der bitteren Niederlage gegen Preußen im Jahr 1871 neuen Stolz einzuimpfen trachteten. Sie zentralisierten den Unterricht, gaben der Nationalgeschichte einen prominenten Platz und erfanden den Mythos von den tapferen gallischen Vorfahren. Auch die eben noch als Tyrannen verachteten Könige sah man nun in milderem Licht – jedenfalls dann, wenn sie das Gebiet der nunmehrigen Republik hatten erweitern können.

Philippe Auguste war so ein König. Er schlug die Engländer zurück und machte sich unter dem Vorwand der Ketzer-Bekämpfung daran, die okzitanischen Gebiete im Süden zu erobern. Doch während seine Ritter gerade im Languedoc wüteten, wurde mit dem Welfen Otto IV. ein Neffe des englischen Königs römisch-deutscher Kaiser. Sofort griffen die beiden Frankreich von zwei Seiten an. Philippe schickte seinen Sohn gegen die Engländer und ritt selbst mit einem Heer nach Flandern, das die Eindringlinge wieder einmal als schnellste Route nach Paris gewählt hatten. Bei Bouvines kam es zum Kampf. Philippe wurde zu Boden gerissen, erst im letzten Moment konnten ihn seine Ritter aus der misslichen Lage retten. Als es auch für Otto brenzlig wurde, floh dieser und ließ sogar die Standarte mit dem Reichsadler zurück. Die Bilanz: Die englischen Ansprüche auf Westfrankreich waren abgewehrt, die Ambitionen ihrer Verwandten auf die Kaiserkrone gescheitert. Der französische König war dem römisch-deutschen Kaiser nun ebenbürtig, seine Macht über den Adel gefestigt. So schuf Philippe Auguste die französische Zentralgewalt. Der Bürgermeister von Bouvines setzte ihm mit dem Kirchenneubau ein imposantes Denkmal: 21 Glasfenster erzählen auf einer Fläche von 504 Quadratmetern keine Heiligenviten, sondern den Verlauf der Schlacht im Jahr 1214.

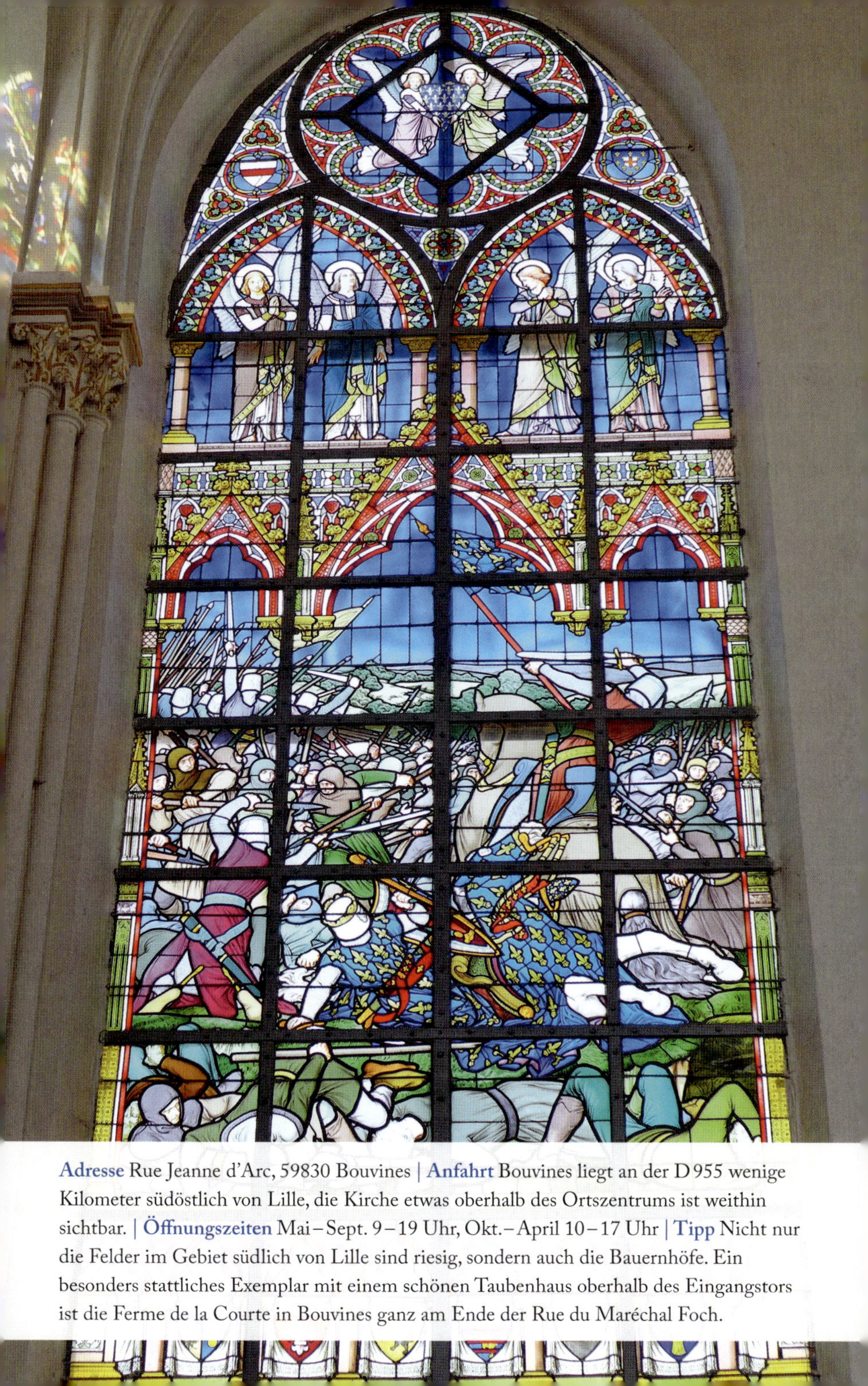

Adresse Rue Jeanne d'Arc, 59830 Bouvines | **Anfahrt** Bouvines liegt an der D 955 wenige Kilometer südöstlich von Lille, die Kirche etwas oberhalb des Ortszentrums ist weithin sichtbar. | **Öffnungszeiten** Mai–Sept. 9–19 Uhr, Okt.–April 10–17 Uhr | **Tipp** Nicht nur die Felder im Gebiet südlich von Lille sind riesig, sondern auch die Bauernhöfe. Ein besonders stattliches Exemplar mit einem schönen Taubenhaus oberhalb des Eingangstors ist die Ferme de la Courte in Bouvines ganz am Ende der Rue du Maréchal Foch.

17 La Cité des Électriciens

Wohnen wie ein Kohlearbeiter

Nein, hier wohnten keine Elektriker: Benannt wurde die »Elektrikersiedlung« nach Volta, Ampère, Edison und anderen großen Namen, die auf den Straßentafeln der Umgebung stehen. Die Cité wurde zwischen 1856 und 1860 erbaut, zu Beginn des Kohlenbooms von Bruay. 1850 hatte die Compagnie des Mines de Bruay damit begonnen, die besonders reichen Kohlevorkommen auf dem Gebiet der Gemeinde auszubeuten. 700 Menschen lebten damals dort, 30 Jahre später 8.000, noch einmal 30 Jahre später waren es 18.000. Die Minengesellschaft von Bruay beschäftigte damals 10.000 Arbeiter, die jährlich 2,5 Millionen Tonnen Steinkohle aus dem Untergrund holten.

Angesichts dieser veritablen Bevölkerungsexplosion ausreichend Wohnraum für die Arbeiter zu schaffen, zählte daher von Anfang an zu den vordringlichen Aufgaben der Minengesellschaft. Die Cité des Électriciens ist eine der ältesten Arbeiterwohnanlagen der Stadt und gleichzeitig ein Idealbeispiel: Die Siedlung ist in sieben »Dörfer« unterteilt und besteht aus insgesamt 43 Wohnungen von jeweils etwa 40 Quadratmetern. Jede Wohnung verfügt über Keller und Dachboden, großzügige Grünflächen ermöglichten das Anlegen von Gärten. Zweifelsohne erinnert die Anlage, die 2009 unter Denkmalschutz gestellt wurde, an bessere Zeiten: Mit der Schließung der Minen in der zweiten Hälfte des 20. Jahrhunderts begann Bruays Einwohnerzahl zu schrumpfen, ein Drittel weniger Menschen als in den Boomjahren leben nun hier. Die Arbeitslosigkeit ist mit über 18 Prozent deutlich höher als der französische Durchschnitt.

Seit 2018 erstrahlt die Cité des Électriciens in neuem Glanz: Fassaden und Dächer wurden originalgetreu restauriert, die Grünflächen liebevoll gepflegt, Gärten angelegt. Künstlerresidenzen, Touristenwohnungen und ein Dokumentationszentrum sollen der Stadt neue Impulse geben.

Adresse 220 Rue Anatole France, 62700 Bruay-la-Buissière, Infos unter Tel. +33/674746575 oder www.citedeselectriciens.fr | **Anfahrt** Bruay liegt an der A 26 unmittelbar südwestlich von Béthune, die Cité des Électriciens direkt an der Hauptstraße. | **Tipp** Die von zahllosen weiteren Arbeitersiedlungen aus Backstein geprägte Stadt verfügt auch über ein bemerkenswertes Art-déco-Schwimmbad: 716 Rue Augustin Caron, 62700 Bruay-la-Buissière.

18 Die Beschneidung

Explizites in und an der Dorfkirche

Ist es nun auferstanden oder nicht? Das Grab war leer, der Körper des drei Tage zuvor Gekreuzigten nicht mehr da. Logisch, schließlich gilt im Christentum die Auferstehung des Fleisches. So weit, so gut und ohnehin in der Bibel nachzulesen. Aber da wäre noch eine Kleinigkeit, die mittelalterlichen Theologen größtes Kopfzerbrechen bereitete: Jesus war Jude. Und jüdische Knaben werden als Baby beschnitten. Und da Jesus nicht nur Mensch war, sondern auch Gott, galt es eine gewichtige Frage zu klären: Was geschah bei Jesus' Auferstehung mit dem Stückchen Haut, das damals entfernt worden war? Sollte das göttliche Häutchen einfach verrottet sein? Das ginge ja nicht, wenn der Körper komplett aufersteht. Oder war es einfach auf der Erde zurückgeblieben? Dann wäre die Auferstehung des Fleisches nicht vollständig. Eine knifflige Angelegenheit, die Anlass zu den wildesten Theorien gab. Ein Gelehrter und immerhin Bibliothekar des Vatikans namens Leo Allatius vertrat im 17. Jahrhundert die schöne These, dass die Heilige Vorhaut wohl getrennt von ihrem ursprünglichen Besitzer in den Himmel emporgestiegen sei und sich dort in einen Saturnring verwandelt habe.

Immer noch genug Material für einen kleinen Heißluftballon böte die Reliquie, würde man alle ihre vorgeblichen Teile zusammenfügen, deren sich die Hüter von Klosterschätzen in ganz Europa einst rühmten. Fest steht: Die Beschneidung Jesu galt wie alle Ereignisse im Leben des Gottessohns als wichtiges Fest, das im kirchlichen Kalender seinen Platz hatte. So wurde auch der Jahresbeginn auf den siebten Tag nach Christi Geburt gelegt – Circumcisionsstil nennen Fachleute diese mittlerweile allgemeingültige Einteilung. Gelegentlich wird das Ereignis bildlich dargestellt, wie in der im 11. Jahrhundert erbauten Notre-Dame-Kirche von Bruyères-et-Montbérault, die auch wegen der derben romanischen Figuren bekannt ist, welche die Apsis außen zieren.

Adresse 9 Rue du Parvis, 02860 Bruyères-et-Montbérault | Anfahrt von Laon aus fünf Kilometer auf der D 967 in Richtung Süden, den Schildern zum Zentrum folgen, das Fresko befindet sich links an einer Wand im Altarraum (ein Plan in der Kirche erklärt die genaue Stelle) | Öffnungszeiten 10–18 Uhr | Tipp Die vom fränkischen Kaiser Karl dem Kahlen gegründete Abtei Saint-Corneille in Compiègne bewahrte einst das bei der Operation am göttlichen Körper zum Einsatz gekommene Beschneidungsmesser auf. Es ging in den Revolutionswirren verloren, von der einst stolzen Abtei steht immerhin noch ein Rest.

19 Banksys Graffiti

Das Mädchen und der Geier

Street-Art ist nicht für die Ewigkeit gemacht, doch gibt es längst einen Markt dafür: Das Bild eines Mädchens, dem gerade ein herzförmiger Luftballon davonfliegt, erzielte im Jahr 2007 über 37.000 Pfund bei Sotheby's. Der Besitzer des solcherart verzierten Ladens hatte das Bild samt Untergrund vorsichtig demontieren lassen. Ein gutes Geschäft, trotzdem war er zu früh dran: 2015 erzielte dasselbe Stück bei einer Versteigerung eine halbe Million Pfund. Sein Schöpfer, Banksy, war inzwischen berühmt geworden. 2018 schließlich wurde ein weiteres Exemplar des Bildes für umgerechnet 1,2 Millionen Euro bei Sotheby's ersteigert. Die Auktion wurde berühmt, da ein im Rahmen versteckter Reißwolf das Bild nach der Versteigerung teilweise zerstörte – was seinen Wert womöglich noch vergrößerte.

Die meisten Bilder des anonymen britischen Künstlers sind pointierte Kommentare zum Zeitgeschehen. Auf dem Höhepunkt der Krise um in erbärmlichen Unterkünften in Calais hausende Flüchtlinge, die nach Dover wollten, sprayte er drei Bilder an die Hausmauern der Stadt: Eines zeigt Steve Jobs, dessen Eltern selbst Flüchtlinge waren, eines eine Neuinterpretation des Gemäldes »Floß der Medusa«, ein drittes ein Mädchen mit einem Fernrohr.

Zwei der Bilder gibt es nicht mehr: Steve Jobs wurde von anderen Sprayern schwer beschädigt, das Floß schlicht übermalt: »Das Haus brauchte eben einen neuen Anstrich«, erklärte sein Besitzer, dem womöglich nicht klar war, welchen Wert ein paar Pinselstriche gerade vernichtet hatten.

Eine Plexiglastafel schützt das letzte Banksy-Graffito. Ein Mädchen schaut durch ein Fernrohr über den Ärmelkanal, ins Wunschland der vielen Migranten, die hier stranden. Hinter ihm steht ein Koffer, ein Geier sitzt auf dem Rohr. Auch nach der Räumung des Flüchtlingslagers ist dieses Kunstwerk in Calais am richtigen Platz, hat aber weit über den Ort hinaus seine Gültigkeit.

Adresse 123 Digue Gaston Berthe, 62100 Calais | Anfahrt Auf der D 940 zur Plage de Calais. Das Bild ist an der Außenmauer des Gebäudes der Strandaufsicht angebracht. | Tipp Parisreisende kennen Rodins »Bürger von Calais« aus dem Garten des Musée Rodin. Das erste der zwölf als »Originale« geltenden Exemplare steht jedoch selbstverständlich am Originalschauplatz, direkt vor dem Rathaus und dem Belfried der Stadt. Es wurde 1895 von der Stadt Calais in Auftrag gegeben.

20 Le Mont Cassel

Rundgang durch ein typisch flämisches Gebirgsdorf

Ein wallonisches Spiel namens *stamon*, das man mit *sta* abkürzt, soll der Ursprung des Wortes »Estaminet« sein. *»Allons au sta, minheer«*, sagte man, wenn man ins Café zum Spiel gehen wollte, daraus wurde dann »Estaminet«. So lautet zumindest eine Hypothese. Faktum ist, dass die Estaminets aus Nordfrankreich nicht wegzudenken sind, auch wenn mit dem Rauchverbot eines der klassischen Merkmale der althergebrachten Bier- und Kaffeehäuser verloren ging.

Ein besonders malerisches und gleichzeitig untypisches Beispiel für ein Estaminet ist der Kasteelhof, direkt unter dem Gipfel des Mont Cassel gelegen: Es handelt sich um das höchstgelegene Estaminet Flanderns, einer sonst bekanntlich eher flachen Region. Ein guter Ort für selbst gebrautes Bier, deftige flämische Küche und das ein oder andere Brettspiel ist der untere, etwas geräumigere Saal des Estaminets mit seinem großen Panoramafenster. Wem es im gut besuchten Estaminet zu voll ist, der kann auch direkt unterhalb bei der höchstgelegenen Frittenbude Flanderns haltmachen. Oder man spaziert durch die kleinen Gässchen, in denen vom Trubel, der hier manchmal herrscht, überhaupt nichts zu spüren ist. Bei einem Rundgang um die Mauern von Cassel, das schon zur Römerzeit befestigt und seither immer wieder heftig umkämpft war, genießt man einen einzigartigen Blick ins weite Land.

Das emblematische Dorf, in dem Marschall Foch 1914 sein Hauptquartier aufschlug, ist auch der Standort des 2010 als »Musée de Flandre« neu eröffneten alten Heimatmuseums. Neben flämischer Volkskunst und einer sehenswerten Sammlung alter Meister kann man hier ein Monumentalbild der Schlacht von Peene bewundern, in Frankreich meist »Bataille de Cassel« genannt. Ausgeführt wurde es von einem der Hofmaler Ludwigs XIV., dem Flamen Adam Frans van der Meulen. Im Zentrum zeigt es den König, der am Ort der Schlacht aber gar nicht anwesend war.

Adresse Kasteelhof, 8 Rue Saint Nicolas, 59670 Cassel | **Anfahrt** Das Auto lässt man am Hauptplatz von Cassel stehen, es sind nur wenige Schritte zum Gipfel beziehungsweise zum Estaminet. | **Öffnungszeiten** Do–So 11–22 Uhr | **Tipp** Die schönste Windmühle dieses Teils von Flandern liegt an der Straße nach Wormhout, drei Kilometer nördlich von Cassel: die 1756 erbaute Mühle Deschodt (Wegweiser von der Route de Cassel).

21 Die Kiesel von Cayeux

Europas längster Laufsteg

Cayeux ist ein keltisches Wort, das im modernen Französisch zu *caillou* wurde, auf Deutsch: Kiesel. Der Ortsname »Cayeux-sur-Mer« ist also nicht gerade ein Beweis überbordender Phantasie, dafür weiß man, woran man ist: Kiesel am Meer gibt es hier nämlich, so weit das Auge reicht.

Seit Jahrmillionen bröckeln die Felsen der Steilküste etwas weiter südlich vor sich hin, immer wieder stürzen größere Teile davon ins Meer, werden von der Brandung zermahlen und im Lauf der Jahrzehnte zu hübschen runden Kieselsteinen geschliffen. Die Strömung, die von der Somme etwas weiter nördlich erzeugt wird, lädt die Steine aus dem Süden genau hier ab. Sie bestehen aus fast reinem Siliziumdioxid und sind ein begehrter Rohstoff für die Bau- und Farbindustrie. Nach wie vor werden sie größtenteils händisch eingesammelt, und nie werden es weniger: Jede Tonne entnommenes Gestein muss durch eine Tonne gebrauchter Steine ersetzt werden. Diese werden ins Meer gekippt, die Gezeiten waschen und schleifen sie dann wieder zurecht.

Das Nest zwischen den Felsen von Ault und der Somme-Bucht verströmt einen etwas verblichenen, spröden proletarischen Charme. Doch das endlose Meer und der endlose Kieselstrand, das hat einen speziellen Reiz, der unmittelbar in die Beine geht: Hier nicht einfach losmarschieren zu wollen, um die Weite dieser großzügigen Landschaft zu Fuß auf sich wirken zu lassen, ist schwer vorstellbar. Wenn diese Kiesel nur nicht so furchtbar unbequem zum Wandern wären! Cayeux machte aus der Not eine Tugend und daraus ein Markenzeichen sowie einen Rekord: Es gibt hier den längsten Holzplankenweg Europas. Immerhin zwei Kilometer kann man darauf den Kiesstrand entlangspazieren und dabei über 400 bunte Strandkabinen bewundern, die den Holzweg säumen. Der Kiesel knirscht, es rauscht das Meer. Der Wind weht, und nie ist es weit zur nächsten Frittenbude.

Adresse 80410 Cayeux-sur-Mer | **Anfahrt** von der Normandie aus über die D 940/D 102; über Abbeville: D 40 – D 940 – D 3; mit der Nostalgiebahn »Chemin de fer de la Baie de Somme« von Saint-Valery-sur-Somme (30 Minuten) oder Noyelles-sur-Mer (eine Stunde, 30 Minuten, SNCF-Bahnhof) | **Tipp** Das von einem Damm geschützte, unter dem Meeresspiegel liegende Gebiet »Hâble d'Ault« schließt südlich an die Bucht von Cayeux an. Die kargen, steinigen pikardischen Niederlande sind ein Paradies für Vogel-Beobachter.

22 Das Blockhaus

Ein Mahnmal am Robben-Strand

Die Natur hat aus dem Bunker ein Mahnmal gemacht. Wie ein besiegtes Monster liegt der düstere Koloss aus Stahlbeton auf dem Sand, von den Gezeiten aus seiner Verankerung gerissen und unbrauchbar gemacht, erbärmlich und doch furchteinflößend.

Er erinnert an eines der vielen größenwahnsinnigen Projekte der Nazis, den Atlantikwall. 5.000 Kilometer Küstengebiet galt es vor einem drohenden Angriff der Alliierten zu schützen. Hitler befahl die Befestigung der Küste auf dem Höhepunkt seiner Macht, kurz bevor sich das Kriegsglück in der Sowjetunion zu wenden begann. Angesichts der zunehmend schwierigen militärischen Lage erwies sich der Plan bald als unrealistisch, dennoch wurde er unter Hochdruck vorangetrieben. Zehntausende Zwangsarbeiter mussten Befestigungsanlagen an der Küste errichten. Strände wurden vermint und mit Hindernissen übersät, Villen im Schussfeld gesprengt. Trotz des immensen Aufwandes hielt der Oberbefehlshaber der westlichen Streitkräfte der Nazis, Gerd von Rundstedt, das Vorhaben für nicht durchführbar, es sei bestenfalls ein »riesiger Bluff«.

Er sollte auf eine Weise recht behalten, an die er wohl nicht gedacht hatte: Den wesentlich erfolgreicheren Bluff bereiteten nämlich die Alliierten vor: Durch Täuschungsmanöver bestätigten sie die deutsche Heeresführung in ihrer Ansicht, die »Invasion« werde an der nordfranzösischen Küste stattfinden, wo der Ärmelkanal am schmälsten ist – Schauplatz der Operation Overlord waren jedoch bekanntlich die Strände der Normandie ein gutes Stück weiter im Süden.

So kam er nicht einmal zum Einsatz, der unbrauchbare Bunker von Le Hourdel. Längst ist er zum Wahrzeichen des südlichen Spitzes der Sommebucht geworden, wo sich Robben- und Vogelbeobachter treffen – ein in seiner monumentalen Sinnlosigkeit beeindruckendes Readymade, das die Geschichte der pikardischen Küste hinterlassen hat.

Adresse Le Hourdel, 80410 Cayeux-sur-Mer | Anfahrt entweder mit dem Rad über die Route Blanche oder vom Hafen von Le Hourdel mit dem Auto über die D 102 zum Campingplatz, dort kann man parken, das Blockhaus liegt direkt davor auf dem Strand | Tipp Etwas weiter südlich, im Gestrüpp gegenüber dem Leuchtturm von Brighton-les-Pins, befindet sich eine Bunkeranlage, die man betreten kann. Stalaktiten haben sich in ihrem Inneren gebildet – wohl aus dem Angstschweiß der Soldaten, die sich hier vor der Invasion fürchteten.

23 Die Salicornes

Wildgemüse am Meeresgrund sammeln

Wie sie die Schweinsohren zubereitet? Ach, ganz einfach: Sie lässt sie im Rohr bei nicht allzu starker Hitze trocknen, bis sie schön knusprig sind, und reicht sie dann zum Apéritif, am liebsten zu einem Glas Weißwein. Keine Sorge: Dieser Apéro ist auch für Vegetarier geeignet. »Schweinsohren« nennen die Einheimischen die Blätter der Salzastern, die in der Bucht der Somme reichlich wachsen. Wie auch die Strandsode (liebevoll »Pompons« genannt) und die wichtigste der essbaren Pflanzen vom Meeresgrund: die Salicorne (»Queller«).

140 Einheimische ernten die salzig-saftige Pflanze professionell, sie haben sich zum »Verband der Salicorne-Sammler« zusammengeschlossen. Reinette Michon ist ihre Präsidentin und begleitet mich heute zu den »Feldern« vor dem Leuchtturm von Le Hourdel. Über mein Ansinnen, die Ernte barfuß in Angriff zu nehmen, musste sie am Telefon herzlich lachen. Folgsam zwänge ich mich in hüfthohe Gummistiefel. Mit gutem Grund: Es ist ein schlammiges Gelände, in dem sich die Salzpflanze wohlfühlt, und so manche heimtückische Strömung im Schlamm saugt mächtig an den Gummistiefeln, die gelegentlich tief im Schlick verschwinden. Das Gebiet liegt bei Flut unter Wasser, und das Meer ist eben immer in Bewegung. Ein halbes Kilo Meeres-Gemüse darf jeder mitnehmen, der sich auf eigene Faust in dieses unsichere Terrain vorwagt, Profis wie Reinette ein Vielfaches. Das Schöne an der Ernte: All die Köstlichkeiten vom Meeresgrund können auch roh verspeist werden. Nach wenigen Bissen stellt man die Unterschiede fest: Saftig-salzig schmeckt die Salicorne, etwas herber das Schweinsohr, einen Deut feiner die Sode. Oder war es umgekehrt? Längst hat das Wildgemüse den Weg in die Gastronomie gefunden, nahezu alle Restaurants servieren es zu Fischgerichten. Am besten schmecken Salicorne und Konsorten aber an Ort und Stelle, frisch geschnitten und noch im Stehen verzehrt.

Adresse Der Leuchtturm steht am Quai Gavois im kleinen Hafen von Le Hourdel (80410 Cayeux-sur-Mer). Reinette Michon erreicht man unter Tel. +33/684498951. | Anfahrt von Saint-Valéry über die D 3, dann die D 102, immer den Wegweisern nach | Tipp 1995 stand ein einzelner Apfelbaum mitten in einem Stück ungepflegtem Niemandsland im Zentrum von Saint-Valery. Er steht heute noch dort – umgeben von einem »mittelalterlichen« Garten mit über 1.000 Pflanzenarten, dem sehenswerten Herbarium von Saint-Valery-sur-Somme.

24 Die Ruinen der Abtei

Arkaden unter freiem Himmel

»Architektur ist das, was zu schönen Ruinen wird«, sagte der französische Wiederaufbau-Architekt Auguste Perret. Was er mit dem provokanten Satz gemeint haben könnte, erschließt sich dem Reisenden in Frankreich angesichts der vielen über das Land verstreuten Zisterzienserklöster. Der Orden wurde im Zuge der Französischen Revolution aufgelöst, die alten Gemäuer im Regelfall als Steinbruch verwendet, bis sich das Bewusstsein wandelte und man beschloss, wenigstens die Reste für die Nachwelt zu erhalten. Und so kann man heute von Ruine zu Ruine fahren, ihre romantische Schönheit auf sich wirken lassen und dem zu seiner Zeit verkannten Auguste Perret insgeheim oder ganz offen recht geben.

Zu den schönsten Zisterzienser-Ruinen zählt die Abtei von Ourscamp, die im Jahr 641 vom heiligen Elogius gegründet und später mehrfach umgebaut wurde. Die Revolution überstand sie unbeschadet, doch wenige Jahre später erwarb der skandalumwitterte Finanzjongleur Charles-Pierre Maximilien Radix de Sainte-Foix die verstaatlichte Abtei und ließ sie umbauen. Wahrscheinlich wurde die Kirche damals bereits in die romantische Ruine verwandelt, die sie heute ist. Das wäre spätestens 1915 auch so nachgeholt worden, als die Franzosen die von deutschen Truppen besetzte Abtei bombardierten. Wie durch ein Wunder wurde die einzige weitgehend im Original erhaltene gotische Infirmerie Frankreichs verschont.

Die zerstörte Kirche ist der eindrücklichere Rest der alten Abtei. Thujen ersetzen die Säulen des verschwundenen Kirchenschiffs, von dem nur ein Spitzbogen stehen geblieben ist. Der Chor ist hingegen noch erkennbar. Die Kreuzrippen stehen, nur das Dach darüber fehlt. Das erste Geschoss und ein Teil der Apsis sind ebenfalls erhalten. Ein Altar steht in der Mitte, ein Kreuz hängt darüber, und es ist erstaunlich, wie stimmig diese von Vogelgezwitscher erfüllte Ruine heute noch als Kirche funktioniert.

Adresse 1 Place Saint Éloi, 60138 Chiry-Ourscamp | Anfahrt von Noyon über Pont-l'Évêque auf der D 165 | Öffnungszeiten Di–So 9–12 und 14–18 Uhr | Tipp Wer Ourscamp vollständig besichtigen will, muss nach Paris fahren. Im mittelalterlichen Keller des Hauses Rue François Miron Nummer 46, des heutigen Sitzes des Denkmalschutzvereins »Paris historique« und ehemaligen »Stadthauses« des Ordens, lagerten die Mönche einst ihre zum Verkauf in Paris gedachten landwirtschaftlichen Erzeugnisse.

25 Die Christusstatue

Ein Hauch Brasilien in der Dorfkirche

Der Cristo Redentor blickt seit 1931 vom Gipfel des Corcovaro auf die Guanabara-Bucht und den Zuckerhut. Die schlichte kreuzförmige Statue ist das Wahrzeichen von Rio de Janeiro. Was macht sie ausgerechnet hier in der Martinskirche des Dörfchens Ciry-Salsogne, unweit der alten Franken-Hauptstadt Soissons?

Wie so oft in dieser Gegend ist auch daran der Erste Weltkrieg schuld. Vor allem im September 1914 und im August 1918 verlief die Westfront mehrmals entlang einer Linie, auf der sich Ciry-Salsogne befand. Die Kirche des heftig umkämpften Dorfes wurde von den deutschen Truppen bei ihrem Rückzug vermint, am 12. August 1918 um 17 Uhr ging die Sprengladung hoch. Immerhin kam niemand beim Einsturz der alten Kirche zu Schaden. 1922 wurde der Neubau in Angriff genommen, nach Plänen des Architekten Édouard Monestès, der zahlreiche Kirchenneubauten in den vom Krieg verwüsteten Gebieten plante. Das neue Gotteshaus von Ciry-Salsogne berücksichtigte den technischen Fortschritt und die lokalen Traditionen gleichermaßen: Sein Skelett ist aus Stahlbeton, verkleidet wurde es mit dem in der Gegend üblichen Sandstein. Die Säulenkapitelle sprechen mit ihren Ähren- und Rosenmotiven die Formensprache des Art déco, das Innere des Baus wirkt großzügig. Doch so gelungen man Monestès' Kirche auch finden mag: Es ist der ernst blickende, die Arme ausbreitende Christus von Rio, der dem Innenraum seine ganz besondere würdevolle Aura verleiht.

1926, als die Kirche fertig war, begannen die Arbeiten an der Christusstatue auf dem Corcovaro. Geplant wurde sie vom französisch-polnischen Bildhauer Paul Landowski, der gut mit dem Architekten Édouard Monestès befreundet war. Landowski schenkte seinem Freund das Modell, nach dessen Vorbild die Statue in Brasilien errichtet wurde. Seither blickt der Cristo Redentor nicht nur auf Rio, sondern auch auf das wiedererstandene Ciry-Salsogne.

Adresse 8 Rue de la Marie Jeanne, 02220 Ciry-Salsogne | **Anfahrt** über die N 31, 6 Kilometer östlich von Soissons | **Öffnungszeiten** Die Kirche ist nicht geöffnet. Einen Schlüssel gibt es auf Anfrage bei der Mairie oder direkt bei Monsieur Moullet unter Tel. +33/670011825. | **Tipp** Eines der eindrücklichsten Werke Paul Landowskis zum Gedenken der siegreichen alliierten Offensive von 1918 heißt »Les fantômes de Landowski« und befindet sich nur wenige Kilometer weiter südlich an der D 229.

26 La Hottée du Diable

Die umgestürzte Teufelskraxe

Würde der Regisseur eines Fantasy-Films eine derartige Kulisse verwenden, gälte er als allzu phantasievoll. Als hätten Riesenkinder mit mittlerweile versteinertem Plastilin gespielt, liegen seltsam geformte Felsbrocken über einen sandigen Hügel verstreut im Wald bei Bruyères-sur-Fère umher. Der Grund dafür ist natürlich ein anderer: Beim Bau der nahen Abtei von Val-Chrétien hatte der Teufel seine Hände im Spiel. Er versprach dem an seiner Aufgabe verzweifelnden Baumeister, das Gebäude über Nacht fertigzustellen. Im Gegenzug sollte er wie bei solchen Geschäften üblich die Seele seines Schuldners bekommen. Doch vom Baulärm erwachte ein Hahn und krähte früher als sonst, was den Teufel, der noch nicht mit der Arbeit fertig war und glaubte, der Tag bräche an, so schreckte, dass er seine mit Felsen beladene Kraxe fallen ließ und zur Hölle fuhr. Und da liegen sie jetzt im Wald des Tardenois genannten Landstrichs herum, die seltsam geformten Felsbrocken aus der Hölle: archaisch, mysteriös, wunderschön. Einer sieht aus wie ein versteinerter Saurier, andere wie Riesenknochen, wieder andere wie grimassierende Gesichter. Sollten Sie mit Kindern unterwegs sein, nehmen Sie ausreichend Verpflegung mit – Sie werden nicht so schnell wieder wegkommen. Die Felsen sind ein Versteckspiel- und Kletterparadies und noch dazu in wunderbaren Spielsand gebettet, dazwischen wachsen knorrige Eichen.

Von Menschen »entdeckt« wurden sie schon vor ziemlich langer Zeit: Eine inzwischen leider verschwundene Ockerzeichnung und Feuersteine in einer der natürlichen Höhlen zeugen von ihrer Besiedlung in der Mittelsteinzeit im sechsten vorchristlichen Jahrtausend. Die Kultur der Jäger und Sammler, die hier lebten, wurde nach der Gegend »Tardenoisien« genannt. Die Höhle der nur etwa 1,50 Meter kleinen Jäger und Sammler heißt heute »Feenkammer« – ein passender Name für diesen bezaubernden Ort.

Adresse 02210 Coincy | **Anfahrt** Die Teufelskraxe liegt an der D 310 etwa drei Kilometer östlich von Coincy in Richtung Fère-en-Tardenois. | **Tipp** Versäumen Sie nicht die Ruinen des nahen Château de Fère, das zwar den Engländern im Hundertjährigen Krieg widerstehen konnte, nicht aber der Französischen Revolution. Louis-Philippe II. von Orléans ließ das Schloss zerstören, um sich beim Volk beliebt zu machen – auf die Guillotine musste er trotzdem.

27 Das Figurenmuseum

Geschichte vom Feldherrenhügel aus betrachtet

Es kann einen schon nachdenklich stimmen: Da kommt eine Stadt durch Schenkungen in den Besitz von immerhin gut 155.000 kleinen Figuren aus Holz oder Metall, und wozu dienen fast alle? Zum Kriegspielen natürlich. Hat man das kleine Museum im Zentrum von Compiègne aber einmal betreten, weicht die Nachdenklichkeit schnell der Faszination: Es macht nämlich einen riesigen Unterschied, ob man Beschreibungen des Sturms auf die Bastille oder der entscheidenden Augenblicke der Schlacht von Waterloo liest oder ob man diese historischen Momente in aller Ausführlichkeit betrachten kann, als würde man ihre Schauplätze mit dem Hubschrauber überfliegen. Beeindruckend, wie viel Liebe zum Detail, wie viel Geduld und wie viele Arbeitsstunden in all den Figürchen stecken, die die Vitrinen des 1949 gegründeten Museums bevölkern. Dabei sieht man nur einen Bruchteil der Sammlung, etwa 12.000 Stück. Die ältesten stammen von Jean-Baptiste Clémence, der im 18. Jahrhundert in den Tuilerien und im Palais Royal in Paris Soldaten beobachtete, sie zu Hause als kleine Holzfiguren nachschnitzte und diese detailgetreu anmalte. Die neuesten Zugänge kamen im Jahr 2017, sie zeigen Szenen aus der Laufbahn des aus Compiègne stammenden Georges Guynemer, eines der besten Piloten des Ersten Weltkriegs. Was auch fasziniert: Die Schaukästen führen einem nicht nur historische Schlachten wie den Fall Trojas oder die Somme-Schlachten des Ersten Weltkriegs in ihrer räumlichen Dimension vor Augen, sondern zeigen ebenso Orte, die es heute längst nicht mehr gibt: die Bastille oder das Tuilerienschloss in Paris etwa.

Und noch eine Erkenntnis hält das Museum bereit: Die unzähligen Kampf- und Sterbeszenen sind in ihrer Anschaulichkeit einerseits makaber, andererseits wirkt der vieltausendfache Tod auch recht harmlos – es sind ja nur kleine Figuren! Womöglich sehen das die Generäle auf ihren Feldherrenhügeln ja auch so.

Adresse 28 Place de l'Hotel de Ville, 60200 Compiègne | Anfahrt über die A 1 und die D 200, den Hinweisschildern »Centre Ville« folgen, das Museum ist unmittelbar neben dem Rathaus | Öffnungszeiten Di – So 10 – 13 und 14 – 18 Uhr | Tipp Nicht verpassen sollten Sie in Compiègne die »Picantins«: So heißen einerseits die drei Figuren des Glockenspiels am Rathausturm, andererseits eine Köstlichkeit aus Haselnüssen, Schokolade und Nougatmasse, die es in der Pâtisserie Les Picantins zu kaufen gibt (15 Rue Legendre).

28 Die Lichtung

Zwei Kapitulationen, kein Friede

»Ein Volk von 70 Millionen leidet, aber es stirbt nicht.« – »Très bien.« Mit diesen Worten, gesprochen in einem Eisenbahnwaggon auf einer einsamen Waldlichtung, endete am 11. November 1918 der Weltkrieg. Matthias Erzberger, Staatssekretär des Deutschen Reiches, und Ferdinand Foch, der Oberkommandierende der alliierten Truppen, schraubten die Füllfedern zu und ließen ihre Unterschriften unter der Waffenstillstandsurkunde trocknen. Einem Mitglied der deutschen Delegation liefen Tränen über die Wangen, schreibt Daniel Schönpflug in seinem Buch »Kometenjahre« über den historischen Moment, der sich in der Nähe des Dorfes Rethondes bei Compiègne zutrug.

Knapp 22 Jahre später mussten die Vertreter Frankreichs auf demselben Tisch eine demütigende Waffenstillstandsurkunde unterschreiben, unter Adolf Hitlers persönlicher Aufsicht. Die Nazis nahmen den Waggon mit nach Berlin. Er verbrannte bei der Befreiung Deutschlands durch die Alliierten.

1948 sah in Rethondes wieder alles aus wie zuvor: Der Bürgermeister von Compiègne hatte die 1922 auf der Lichtung aufgestellten, ebenfalls nach Deutschland gebrachten Denkmäler zurückholen, den Waggon von 1918 rekonstruieren und eine Gedenkstätte errichten lassen. Die gibt es noch heute; anlässlich des 100-Jahr-Jubiläums des Waffenstillstandes wurde sie neu konzipiert. Zusätzlich zum originalgetreu eingerichteten Waggon und den alten Guckkästen mit den dreidimensionalen Bildern der Kriegsschauplätze gibt es nun eine Ausstellung, in der die Hintergründe und Auswirkungen der beiden Waffenstillstände in drei Sprachen erklärt werden. Das kleine private Museum am Rand der Lichtung zeigt mustergültig, was die deutsch-französische Aussöhnung und jahrzehntelange Zusammenarbeit zuwege brachten: ein Gedenken an die europäische Katastrophe vor 100 Jahren aus einer nicht mehr nationalen, sondern europäischen Perspektive.

Adresse Route de Soissons, 60200 Compiègne | Anfahrt ab Paris etwa eine Stunde über die A1, Abfahrt 10, N31 Richtung Noyon, dann Soissons, dann den Hinweisschildern folgen; ab Compiègne: N31 Richtung Soissons | Öffnungszeiten März–Nov. täglich 10–18 Uhr, letzter Einlass 17.15 Uhr, Dez. täglich 10–17.30 Uhr, letzter Einlass 16.45 Uhr | Tipp Vertiefen lässt sich das Nachdenken über den Krieg bei einem Besuch des Soldatenfriedhofs zwischen Tracy-le-Mont und Nampcel. 16.000 Deutsche und Franzosen liegen dort begraben.

29 Das Château de Condé

Im Spiegelreich

»Spieglein, Spieglein an der Wand! Wer ist der Schönste im ganzen Land?« Jahrhundertelang gab es darauf nur eine Antwort: Jean-Baptiste Oudry natürlich! Der »peintre ordinaire du roy« zählte zu den produktivsten Künstlern des französischen Rokoko und war berühmt für seine Darstellungen exotischer Tiere. Im Château de Condé kann der einzige Jagdzyklus des Meisters bewundert werden, der sich noch am originalen Ort befindet. Die Fische und Krustentiere, die Jagdhunde, die Fasane, die ganze Pracht der Beute aus Meer und Wald ist so sinnlich und dramatisch arrangiert über ein Kaminzimmer verteilt, dass man sich kaum sattsehen kann an der opulenten Inszenierung. Doch plötzlich ist ein leises Knirschen zu hören – langsam wandert der Spiegel über dem offenen Kamin nach oben und verschwindet hinter einer Wandvertäfelung. Er gibt den Blick auf ein weiteres Bild frei, auf dem ein Mann mit Turban zu sehen ist, im Hintergrund segelt ein Schiff davon. Einige Sekunden bleibt der Spiegel oben, dann wandert er langsam wieder nach unten.

Wieder einmal hat es Antoine Watteau geschafft, seinem Konkurrenten Oudry die Show zu stehlen. 1992 entdeckte man das Bild bei Restaurierungsarbeiten hinter dem Spiegel, der seitdem regelmäßig hinauf- und hinunterwandert, um auch heutige Besucher an der Überraschung der Finder teilhaben zu lassen.

Auch in anderen Räumen des Schlosses wurden versteckte Bilder freigelegt. Auf ewig unentdeckt werden hingegen manche der Malereien im Atelier bleiben, wo Watteau und seine Schüler ihre Gemälde direkt an die Wand pinselten – um sie danach einfach zu übermalen, schließlich waren es ja nur Übungen. Wie viele Schichten dort übereinanderliegen, weiß niemand – und wie viele Geheimnisse sich noch in der einstigen Ritterburg befinden, die illustren Familien als Stammsitz und zahlreichen Künstlern als Lehr- und Wirkungsstätte diente, genauso wenig.

Adresse 4 Rue du Château, 02330 Condé-en-Brie | **Anfahrt** am schönsten über die Route du Champagne, die D 969 von Crouttes-sur-Marne bis Château-Thierry, dann über die N 3 und D 20 | **Öffnungszeiten** April – Okt. Di – So 14.30 – 17.30 Uhr | **Tipp** Kunst und Champagner gleichzeitig kann man im Haus Meteyer genießen, einer Kellerei mit Kunstgalerie: 39 Rue de l'Europe, 02850 Trélou-sur-Marne.

30 Das Theater von Hardelot

Andrew Todds unfreiwilliges Anti-Brexit-Theater

Die Zahlensymbolik kann voller Tücken stecken. Etwa wenn man ein besonderes Datum der Vergangenheit feiern möchte und sich die Zukunft unsanft einmischt. 2009 machte das Département Pas-de-Calais das romantische Schloss von Hardelot zum französisch-britischen Kulturzentrum, dem »Centre Culturel de l'Entente Cordiale«. Nirgends sind sich Frankreich und England näher, kein französisches Département ist britischer. Für 2016 nahm man sich ein ehrgeiziges Leuchtturmprojekt vor: Zum 400. Todestag William Shakespeares sollte neben dem Schloss das erste »elisabethanische« Theater Frankreichs eingeweiht werden. Natürlich erfordert ein solches Vorhaben langfristige Planung. 2013 wurde ein Architekturwettbewerb ausgelobt, den Andrew Todd gewann. Der in Paris lebende Architekt hatte einst in Cambridge Literatur studiert und eine Arbeit über Shakespeare geschrieben. Sein Bau, dessen Form sich an Shakespeares erstem Theater, dem »Rose«, orientiert, vereint das Theaterkonzept des 16. mit den ökologischen, ästhetischen und akustischen Ansprüchen des 21. Jahrhunderts. Lange tüftelte der Architekt an der Auswahl der richtigen Hölzer: Lärche, Fichte, Eiche und Bambus kamen zum Einsatz. Mit Erfolg: Die renommierten »World Architecture News« verliehen ihm 2017 den Preis für die weltweit beste Holzkonstruktion.

Bei anderen, für die Zukunft der beiden Länder noch folgenreicheren Entscheidungen hingegen wird improvisiert, wenn es gerade opportun erscheint. So fand ausgerechnet am Eröffnungswochenende des Theaters von Hardelot das Brexit-Referendum statt, mit bekanntem Ausgang. Die Feierlaune dürfte an jenem Juniabend gedämpft gewesen sein. Ein ironischer Hauch der Geschichte umweht das preisgekrönte Theater; womöglich hätte Shakespeare an der tragikomischen Situation ja seine Freude gehabt. Architekt Andrew Todd hat mittlerweile die französische Staatsbürgerschaft beantragt.

Adresse 1 Rue de la Source, 62360 Condette | Anfahrt von Boulogne über die D 119 (15 Minuten) | Öffnungszeiten Di–So 10–12.30 und 13.30–18 Uhr. Das Theater kann nur von außen besichtigt werden. | Tipp Ungewöhnliche Holzarchitektur gibt es auch am nahen Campingplatz von Équihen-Plage zu sehen: Einige der zu mietenden Bungalows dort haben umgedrehte Holzboote als Dach – eine Neuinterpretation der Armeleute-Hütten früherer Jahrhunderte.

31 Die Ruinen von Coucy

Was vom größten Burgfried blieb

An großen Ritterburgen mangelt es im nördlichen Frankreich generell nicht, doch diese hier ließ sie alle wie Zwerge aussehen. Ein Zwerg wurde ihr schließlich zum Verhängnis, doch der Reihe nach. Coucy hieß ein Geschlecht nordfranzösischer Barone, das durch Heirat mit einigen der vornehmsten Familien Frankreichs und Englands verschwägert war und selbst auf eine Nebenlinie der Karolinger zurückging. Der machtbewusste Enguerrand III. ließ die Burg seiner Vorfahren im 13. Jahrhundert zur mächtigsten Festung ganz Frankreichs ausbauen: Mit einem Durchmesser von 31 und einer Höhe von 54 Metern übertraf sein Bergfried den des königlichen Louvre um 20 Meter. Sein Nachfahre Enguerrand VII. machte die Festung zum gotischen Gesamtkunstwerk.

Eingenommen wurde sie trotz ihrer gewaltigen Mauern: Im Krieg der Armagnacs gegen die Burguignons wurde die Burg belagert, bis ihre ausgehungerten Verteidiger aufgeben mussten. Später nahmen die Herren von Coucy an der Fronde teil, dem Aufstand des Adels gegen den zentralistischen Sonnenkönig Ludwig XIV. Dieser ließ die Burg nach seinem Sieg weitgehend zerstören, nur die Außenmauern blieben intakt. Die imposante Ruine wurde ein beliebtes Ausflugsziel, wie viele Fotos eleganter Herren mit Zylinder zeigen. 1917 war es damit vorbei: Als sich die deutschen Truppen zu Beginn des Jahres auf die sogenannte Siegfriedlinie zurückzogen, verwüsteten sie das bis dahin gehaltene, nun preisgegebene Land gründlich. Zahllose Dörfer gingen in Flammen auf, Kirchen, Schlösser und Burgen wurden gesprengt, damit sie von den Alliierten nicht als Deckung oder Beobachtungsposten genützt werden konnten. 28 Tonnen Dynamit machten aus dem größten Burgturm des Mittelalters den nach wie vor stattlichen Haufen Steine, der sich heute inmitten der Burganlage erhebt. Der Plan der deutschen Armeeführung hatte einen Namen: Alberich, wie der Zwergenkönig.

Adresse Rue du Château, 02380 Coucy-le-Château-Auffrique | Anfahrt von Reims oder Compiègne über die N 31 Richtung Soissons, D 1 Richtung Saint-Quentin, dann D 5 nach Coucy | Öffnungszeiten Sept. – April 10 – 13 und 14 – 17.30 Uhr, Mai – Sept. 10 – 13 und 14 – 18.30 Uhr | Tipp Nicht um Zerstörung, sondern um den Wiederaufbau und die amerikanisch-französische Freundschaft dreht sich alles im einst ebenfalls schwer beschädigten Château de Blérancourt: www.museefrancoamericain.fr.

32 Das Kreuz des Böhmen

Erinnerungen an den Hundertjährigen Krieg

Ein alter blinder Mann, der von seinem Diener geführt wird und doch noch so wild mit dem Schwert um sich schlägt, dass man ihn töten muss, um seiner Herr zu werden: Heldentum ist etwas Seltsames. Johann von Luxemburg, von 1310 bis 1346 König von Böhmen, war so ein Held, seinen Zeitgenossen galt er als lebende Verkörperung der Ritterideale. Der englische Thronfolger, dessen Soldaten den bis zum Schluss kämpfenden Blinden getötet hatten, übernahm als Zeichen seiner Bewunderung Wahlspruch und Helmzier des Toten. »Ich dien«, steht heute noch im Wappen der Prinzen von Wales.

So endete im Jahr 1346 die Schlacht von Crécy. In Frankreichs kollektiver Erinnerung spielt sie eine bedeutende Rolle: Sie bildete den Auftakt zum Hundertjährigen Krieg zwischen England und Frankreich. Als 1340 die direkte Linie des französischen Herrscherhauses ausstarb, erklärte sich der englische König Edward III., der mütterlicherseits von den Kapetingern abstammte, selbst zum König Frankreichs. Philipp VI. aus dem Haus Valois ließ zum Krieg rüsten und war eigentlich gut vorbereitet, als Edward mit einer vergleichsweise kleinen Armee in Frankreich landete. Doch die siegessicheren französischen Ritter wurden im Wald von Crécy von den diszipliniert kämpfenden Engländern und ihren schrecklich effizienten Bogenschützen vernichtend geschlagen. Noch im selben Jahr soll das heute stark verwitterte Kreuz an genau der Stelle errichtet worden sein, an der Johann von Luxemburg starb. Ein pathetisches Denkmal aus dem Jahr 1905 erinnert im Zentrum von Crécy an den Luxemburger. Wohin der übersteigerte Kriegsheldenkult führen kann, sah man wenige Jahre später. Ungleich schöner ist eine lebendige Erinnerung an die Schlacht vor 670 Jahren: die »Chêne des Ramolleux« genannte Eiche im Weiler Machiel. Der prachtvolle Baum soll unmittelbar nach der Schlacht gepflanzt worden sein.

Adresse Das Kreuz befindet sich auf dem Gemeindegebiet von Estrées-lès-Crécy (80150), am Rand der N 56 kurz nach der Ortsausfahrt von Crécy in Richtung Fontaine-sur-Maye auf der linken Straßenseite. | **Tipp** Die D 111 zwischen Crécy und Abbeville führt mitten durch den herrlichen Wald von Crécy. Bleiben Sie beim Forsthaus stehen, dort finden Sie einen Übersichtsplan mit verschiedenen markierten, jeweils drei bis fünf Kilometer langen Rundwanderungen durch den Wald.

33 Das Museum des Valois

Tausendundein Bogen, hinreißende Statuen

Sie waren schillernde Gestalten mit interessanten Namen, die 13 Könige aus dem Haus der Valois: Karl der Weise, Karl der Wahnsinnige, Karl der Siegreiche, Karl der Freundliche, Ludwig der Vorsichtige. Nur der alle überragende Renaissancekönig Franz hieß schlicht »der Erste«. Ein Stück nordöstlich von Paris liegt die alte Grafschaft, nach der die Nebenlinie der Kapetinger benannt ist. Weite Wälder, Jagdschlösser, steinerne Dörfer und Ritterburgen erzählen heute noch von der royalen Vergangenheit des Landstrichs. Gérard de Nerval fand hier die Inspiration zu den geheimnisvoll-romantischen Erzählungen, die er unter dem Titel »Die Töchter der Flamme« (»Les Filles du feu«) versammelte.

Crépy heißt die alte Hauptstadt der längst aufgelösten Grafschaft, das hübsche Städtchen hat sich das architektonische Erbe aus glanzvollen Tagen bewahrt. Das Schloss der Grafen von Valois ist heute ein Museum, das eine der weltgrößten Sammlungen von Bögen beherbergt. Wer bisher dachte, es sei die Sprache oder vielleicht die Kunst, die den Menschen vom Tier unterscheidet, wird hier eines Besseren belehrt: Es ist ganz eindeutig die archaische Jagd- und Kriegswaffe, die an unzähligen Orten der Welt gleichzeitig »erfunden« wurde und ohne die keine Kultur der Welt auszukommen scheint.

Ein Saal voller durchlöcherter Statuen des heiligen Sebastian bildet den stimmigen Übergang zum eigentlichen Höhepunkt des Museums: Unter dem Dachstuhl aus dem 13. Jahrhundert ist eine einzigartige Sammlung von Heiligenstatuen aus den Kirchen des Valois untergebracht. Es handelt sich um Volkskunst im besten Sinn: Nicht immer sitzt das Knie der Jungfrau Maria an der anatomisch korrekten Stelle, so manche Hand ist zu groß, so mancher Gesichtsausdruck unfreiwillig komisch – und doch sieht man, dass es Meister sind, die ihr ganzes handwerkliches Können in die Statuen gesteckt haben.

Adresse Rue Gustave Chopinet, 60800 Crépy-en-Valois | Anfahrt über die N 2 und die D 136 in Richtung Zentrum, das Museum ist gut ausgeschildert (Parkplatz unmittelbar daneben) | Öffnungszeiten März–Nov. Mi–Mo 14–18 Uhr | Tipp Wer dem Wesen dieses alten Herzstücks des französischen Königtums auf den Grund gehen möchte, kommt an Angélique, Aurélie, Octavie, Isis und Émilie nicht vorbei – lesen Sie zur Einstimmung unbedingt ein paar Seiten von Nervals »Töchter der Flamme«!

34 Die Villa Cavrois

Mallet-Stevens' Meisterwerk

1925 fand in Paris die »Exposition internationale des Arts décoratifs et industriels modernes« statt, kurz »Art déco« genannt. Sie gab einer Bewegung und bald einem Baustil den Namen. Eine neue, an Innenarchitektur und Design interessierte Architektengeneration stellte der organisch wuchernden Formensprache des Jugendstils wieder strenge, geometrische, an der Klassik, aber auch am Kubismus orientierte Entwürfe gegenüber. Einer der Vorläufer der Bewegung war der Wiener Josef Hoffmann mit seinem ab 1905 errichteten Palais Stoclet in der Jugendstilmetropole Brüssel.

Ein Neffe des Auftraggebers war vom avantgardistischen Bau begeistert und wurde ebenfalls Architekt: Robert Mallet-Stevens. Er lieferte auch für die Art-déco-Ausstellung von 1925 einen Beitrag, war aber bereits einen Schritt weiter als seine Zeitgenossen: Sein »kubistischer Garten« mit Bäumen aus Beton schockierte das Publikum. Der architekturbegeisterte Vicomte de Noailles hingegen gab dem noch wenig bekannten Mallet-Stevens für den Bau seiner Villa in Hyères den Vorzug gegenüber Stars wie Mies van der Rohe und Le Corbusier.

Als Mallet-Stevens' Hauptwerk gilt eine Villa bei Roubaix, die der Textilindustrielle Paul Cavrois in Auftrag gab. »Wahrer Luxus bedeutet, in einem hellen, freundlichen, luftigen Umfeld zu leben, mit gut funktionierender Heizung und so, dass möglichst wenig unnützer Aufwand und Personal nötig sind«, erklärte Mallet-Stevens das Prinzip, das der Villa mit 2.400 Quadratmetern Wohnfläche und teilweise sechs Meter hohen Räumen zugrunde liegt. Ästhetisch, aber auch haustechnisch war das Gebäude seiner Zeit voraus. In den 80er Jahren wurde es ausgeräumt, ein Abriss konnte im letzten Moment verhindert werden. Heute, nach der vom Centre Pompidou 2005 eingeläuteten Wiederentdeckung Mallet-Stevens', sieht die Villa so aus, als könnte man jederzeit wieder einziehen. Träumen darf man ja.

Adresse 60 Avenue John Fitzgerald Kennedy, 59170 Croix | **Anfahrt** Croix liegt an der D 660, auf halbem Weg zwischen Lille und Roubaix. | **Öffnungszeiten** Di–So 10–18 Uhr | **Tipp** Zu Recht berühmt ist »La Piscine« von Roubaix, ein Museum im ehemaligen Art-déco-Schwimmbad. Keinesfalls übersehen sollte man dort auch die »La Condition publique«: Wo einst Textilien konditioniert wurden, ist heute eine Kulturfabrik mit Ateliers, Ausstellungen, Lokalen, Dachgärten und viel Street-Art in den umgebenden Straßen.

35 Der Parc Rousseau

Pique-nique bei Jean-Jacques

»Weder als Architekt noch als Gärtner, sondern als Dichter und Maler soll man die Landschaften gestalten, um gleichzeitig Geist und Auge zu interessieren«, schrieb Marquis René-Louis de Girardin im Jahr 1777. Darin steckt auch etwas Eigenlob: Drei Jahre zuvor hatte er die Anlage seines Schlossparks im Dörfchen Ermenonville vollendet.

Während man in halb Europa noch nach französischem Vorbild Gebüsche zu kunstvollen Skulpturen zurechtschnippelte und den Triumph des Menschen über die Natur feierte, war der Rousseau-Leser seiner Zeit längst voraus: Ihm ging es darum, die wilde Schönheit der Natur zu zelebrieren. Freilich waren auch dazu allerlei Tricks und Kniffe nötig: Künstliche Ruinen, Grotten und Brücken sollten dem Geist Freude bereiten und ihn an Tugenden, Werte oder vorbildliche Persönlichkeiten erinnern. Der Marquis ließ philosophische Gedanken in Steine ritzen, erdachte Tempelruinen und plante Hünengräber, um zur nostalgischen Meditation anzuregen. Sein wichtigstes Vorbild war Jean-Jacques Rousseau, der sich eines Tages tatsächlich bei ihm einquartierte, um mit ihm durch den Garten zu wandeln und Pflanzen zu studieren.

Die gemeinsame Zeit währte nur kurz: Nach sechs Wochen starb der Philosoph, dessen Grab auf einer Insel im Park zum Pilgerort wurde: Das literarische und politische Toute-Europe begab sich nach Ermenonville, woran noch Erinnerungstafeln an der Wand eines ehemaligen Wirtshauses erinnern. Längst ist das Grab leer: 1794 wurden Rousseaus sterbliche Überreste ins Panthéon überführt, das Werk Girardins geriet in Vergessenheit. Erst 2010 begannen Restaurierungsarbeiten. Heute ist der Park wieder so pittoresk wie zu den Zeiten, in denen der Philosoph darin lustwandelte. Wer auf dessen Spuren nicht nur Geist und Auge etwas Gutes tun will, kauft sich vor dem Besuch ein Sandwich in der freundlichen Bäckerei gleich bei der Ortseinfahrt.

Adresse 1 Rue René de Girardin, 60950 Ermenonville | **Anfahrt** von Paris über die A 1 und D 922 | **Öffnungszeiten** 1. Mai–30. Sept. täglich 11–19 Uhr, 1. Okt.–30. April Di–So 11–17.30 Uhr | **Tipp** In der ehemaligen Gärtnerei des Parks kann man heute Zimmer mieten oder ein Menü aus größtenteils selbst gezogenen Bio-Zutaten genießen: Le Jardin Français, 24 Rue René de Girardin, 60950 Ermenonville, www.lejardinfrancais.fr, Tel. +33/344540777.

36 Die Rätsel von Esquelbecq

Gedrucktes und Gemauertes

Willkommen im Houtland, im Herzen des Westhoek. Keine Sorge, wir sind noch immer in Frankreich, aber eben in seinem flämischen Teil, dem westflämischen, um genau zu sein. Seit einigen Jahren legt man hier Wert auf eine regionale Identität, die nicht an der Staatsgrenze haltmacht, sondern auch ein gutes Stück ins benachbarte Belgien hinüberreicht. Houtland bedeutet Holz- oder Waldland, was nicht unbedingt zur Gegend passt, ist sie doch von Viehweiden, Hopfen- und Getreidefeldern geprägt, aber das dürfte einmal anders gewesen sein.

Die »Maison du Westhoek« in Esquelbecq bietet viel Material, um sich über die Region und ihre Besonderheiten zu informieren, das Dorf ist aber selbst ein lohnendes Ziel: Seine von verschiedenfarbigen Ziegeln mit einem Karomuster überzogene dreischiffige Kirche ist ein Musterbeispiel für die typischen »Hallekerques«, sage und schreibe fünf (!) Buchhandlungen haben dem Dorf zum Label »Village du Livre« verholfen. Zu lesen gibt es aber auch an den Hausmauern so manches: Sterne, Herzen, Andreaskreuze, Karos und andere Symbole zieren die Ziegelwände. Geheime Botschaften? Das Andreaskreuz ist noch am leichtesten zu entschlüsseln. Es wurde von den Herzögen von Burgund im Wappen geführt, die den Habsburgern die Niederlande vererbten. Aber die Herzen und die Davidssterne? Womöglich dienten sie als Abwehrzauber, soll es im schönen, leider nicht öffentlich zugänglichen Schloss, das man durch das Gittertor bewundern kann, doch spuken. In der Nacht des 21. Januar sieht man eine weiße, von einem Hund gefolgte Dame durch den Garten spazieren, dazu ertönt gespenstisches Gebell. Die Schlossherrin Marie Jacqueline Triest wurde am 21. Januar 1655 im Garten ermordet. Ihr Hund fand am nächsten Tag den verscharrten Leichnam. Eine Dienerin wurde als Mörderin verurteilt und gehenkt, doch warum spukt die Ermordete dann heute noch durch den Garten?

Adresse La Maison du Westhoek: 9 Place Alphonse Bergerot, 59470 Esquelbecq | **Anfahrt** von Lille über die A 25, von Saint-Omer über die D 928 | **Öffnungszeiten** unter www.esquelbecq.com | **Tipp** Die nahe Kirche von Quaëdypre ist eines der schönsten Beispiele für den üppigen Stil der Gegenreformation. Bemerkenswert ist das Chorgestühl, dessen Sitzflächen von geschnitzten grimassierenden Köpfen gestützt werden. Den Schlüssel gibt es bei der Mairie (nur wochentags!).

37 Das Maréis

Fischfang-Museum und Rochen-Streichelzoo

Darf man Seefisch eigentlich überhaupt noch essen? Und falls ja, welchen? Und wann? Und wie weiß man das alles? So seltsam diese Fragen angesichts all der überquellenden Fischläden und -restaurants der Côte d'Opale klingen mögen, so drängend sind sie doch. Leer gefischte Meere, von Schleppnetzen zerstörte Meeresböden – Bilder und Berichte davon kennen wir alle. Andererseits ist Seefisch doch wichtig für die Ernährung, und so ganz darauf zu verzichten, das will man sich eigentlich nicht vorstellen.

Muss man auch nicht. Man sollte sich aber irgendwann einmal gründlich über das Thema informieren, und dafür ist das Fischerei-Museum von Étaples ein guter Ort. Passenderweise ist es in einer ehemaligen Fabrik für Fischernetze untergebracht, die einmal 600 Arbeiterinnen beschäftigte.

Étaples liegt an der Nordseite der Bucht, in der die Canche in den Ärmelkanal mündet. Gegenüber liegt das mondäne Le Touquet-Paris Plage, ein Badeort mit eigenem Flughafen. Mit Eleganz oder gar Jetset hat Étaples jedoch wenig bis nichts zu tun, der Ort lebt seit Menschengedenken vom Fischfang. Im Fischereimuseum erfährt man viel Wissenswertes über die Fischgründe von Étaples, wo sich kältere und wärmere Gewässer mischen, über die verschiedenen Netze und über das harte Leben auf einem Fischkutter – und das aus erster Hand: Es sind ehemalige Fischer und deren Frauen, die durchs Museum führen und die Besucher zum Mitdenken bringen, etwa wenn es um nachhaltigen Fischkauf, die jeweils richtige Saison und um die Größe der Fische geht.

Respekt vor dem »Produkt« vermitteln aber vor allem die flachen Becken. Ganz explizit werden Museumsbesucher aufgefordert, die Rochen, die ihre Nasen aus dem Wasser strecken, anzufassen – »Die sind neugierig, die mögen das!«. Wann hat man zum letzten Mal einen Rochen gestreichelt? Ein wohl für beide Seiten berührendes Erlebnis.

Adresse Boulevard Bigot Descelers, 62630 Étaples | **Anfahrt** über die A 16, Ausfahrt 26, danach den Schildern folgen | **Öffnungszeiten** April–Sept. 9.30–13 und 14–18 Uhr, Okt.–März 10–12.30 und 14–17.30 Uhr | **Tipp** Ob man es nun mag oder schnöselig findet – einen ausgedehnten Spaziergang ist Le Touquet mit seinen eleganten, vielfach denkmalgeschützten Villen auf jeden Fall wert!

38 Die Quelle der Somme

Ad fontes!

Ein Höllenschlund, der einen dunklen Strom von Blut, Schweiß und Tränen in die verwüstete Landschaft speit – ginge es nach den Bildern im Kopf, die das Wort »Somme« bei vielen auslöst, würde so ihre Quelle aussehen. Der Fluss wurde zum Synonym für eines der sinnlosesten Gemetzel des Ersten Weltkriegs. Eine halbe Million Soldaten starben dort in den Sommermonaten 1916, und als sie alle tot waren, hatte sich am Frontverlauf so gut wie nichts geändert. Doch die Natur schert sich nicht um die Bilder in unseren Köpfen. Vielmehr umgibt eine wahre Bilderbuchlandschaft die von einem Steinbecken gefasste Quelle im Weiler Fonsomme, etwa 15 Kilometer von der Kantons-Hauptstadt Saint-Quentin entfernt. Alte Kopfweiden, sattgrüne Wiesen, behäbige Gehöfte – und mittendrin die Somme, die schon an ihrem Ursprung das macht, was sie am besten kann: gemächlich vor sich hin mäandern. Mit gemütlichen vier Kilometern pro Stunde schlängelt sich der Fluss durch die Landschaft, im idealen Gehtempo, und vielleicht löst das diese Lust aus, einfach am Wasser entlang drauflloszuwandern. Aus gutem Grund wurde der Weitwanderweg GR 800 angelegt, der die Quelle der Somme mit ihrer Mündung in den Ärmelkanal verbindet – gut 150 Kilometer Luftlinie, doch die vielen Biegungen des Flusses verlängern die Strecke von hier bis Saint-Valery-sur-Somme auf 245 Kilometer, gut zu bewältigen in zehn Tagesetappen.

So weit muss man aber nicht gehen. Der Weitwanderweg, der direkt beim Parkplatz neben der Quelle beginnt, kann Ausgangspunkt für eine kleine Runde durch Fonsomme sein oder einen längeren Spaziergang bis zum nächsten Dorf und wieder zurück. Für wie viele Schrecken der Wasserlauf auch stehen mag – an seinem Ursprung entlangzuspazieren versetzt einen augenblicklich in eine entspannte, friedliche Stimmung. Das wussten schon die alten Kelten: Der gallische Name des Gewässers, Samara, bedeutet »friedlicher Fluss«.

Adresse Fervaques, 02110 Fonsomme | **Anfahrt** über die D 8 von Saint-Quentin, den Schildern zur »Source de la Somme« folgen | **Tipp** Egal, ob man zu Fuß unterwegs ist oder nach einem gemütlichen Bummel an der Quelle wieder ins Auto steigt: In Saint-Quentin, gute 15 Kilometer flussabwärts, sollte man unbedingt eine längere Pause einlegen, um das Marais de l'Isle für sich zu entdecken, eine von der Somme geformte Erholungslandschaft voller Auwälder, stiller Nebenarme und belebter Familienstrände.

39 Das Musée Jacquemart-André

Kloster, Jagdschloss, Museum

Alle paar Kilometer stolpert man in Frankreich über die Reste eines Zisterzienserklosters. Die meisten der Ruinen verdanken wir der Französischen Revolution: Der mächtige Orden wurde damals für unnütz erklärt und aufgelöst, seine Gebäude als Steinbrüche verkauft. Die im 12. Jahrhundert von König Ludwig dem Dicken gegründete Abtei von Chaalis hatte ihren Verfall zu diesem Zeitpunkt bereits hinter sich: Louis de Bourbon-Condé, ein exzentrischer Abt von königlichem Blut, wollte dem Kloster durch ein ehrgeiziges Umbauprojekt zu neuem Prestige verhelfen, trieb es dadurch aber in den Ruin. Die nur zur Hälfte umgebaute Abtei war bereits verlassen, als sie 1790 verstaatlicht wurde. 1902 kaufte die ehemalige Malerin Nélie Jacquemart-André die Gebäude. Sie hatte in die bessere Gesellschaft geheiratet und war zur Kunstsammlerin geworden. Das alte Konventsgebäude ließ sie instand setzen und brachte darin ihre auf zahlreichen Reisen erworbene Sammlung unter. Kurz vor ihrem Tod vermachte sie ihren Besitz dem Institut de France – unter der Bedingung, dass nichts daran verändert würde.

Wie so oft, wenn ein Museum auf eine extravagante Persönlichkeit zurückgeht, hat eine systematische Besichtigung keine Aussicht auf Erfolg: Kunterbunt sind gotische Madonnen, iranische und türkische Antiken, Gemälde von Giotto, Boucher, van Loo und Desportes, Tapisserien, Statuen und Porzellanfiguren, antike Möbel, wertvolle Bücher und unzählige Dinge mehr über die Zimmer und Gänge verteilt – was aber kein wüstes Durcheinander ergibt, sondern ein harmonisches, stimmig arrangiertes Ganzes, das zum Flanieren und Entdecken einlädt. Chaalis ist ein Ort, für den man sich Zeit nehmen muss – auch, um keinesfalls die gotische Kapelle mit ihren Renaissance-Fresken und den Rosengarten hinter den Ruinen der ehemaligen Kirche zu verpassen.

Adresse 60300 Fontaine-Chaalis, www.chaalis.fr | Anfahrt Die Abtei liegt im Wald von Ermenonville, erreichbar über die N 330 von Senlis oder Paris. Der Eingang befindet sich gegenüber dem Vergnügungspark »La Mer de Sable«. | Öffnungszeiten März–11. Nov. täglich 11–18 Uhr, 12. Nov.–Febr. nur So 10.30–12.30 und 13.30–17-30 Uhr | Tipp Die fünf Kilometer zwischen dem Park von Ermenonville und der Abtei von Chaalis legt man am besten auf den Spuren von Jean-Jacques Rousseau und Gérard de Nerval zurück: auf dem gut ausgeschilderten »Sentier des Écrivains«.

40_Die Düne des Authie

Sand und Sumpf

Wie Wasserbüffel zockeln zwei Hochlandrinder mit mächtigen Hörnern durchs sumpfige Gelände, oft waten sie bis zum Bauch im Wasser. Ein schöner, friedlich stimmender Anblick, dem nur die Tatsache, dass man selbst im knöcheltiefen Sand steht, eine leicht bizarre Note verleiht. Wobei man Letzteres ja erwartet hat, immerhin stellt man sich so eine Düne zunächst einmal als einen riesigen Sandhaufen vor. Nun, diese Erwartung enttäuscht die Dune de l'Authie ziemlich. Der Sandberg am südlichen Ufer der Authie-Bucht gilt sogar als wahres Frosch-Paradies. Grund dafür sind die sogenannten *pannes* – einst vom Meer mit Wasser versorgte kleine Salzseen, die im Lauf der Jahrzehnte oder Jahrhunderte vollständig vom Meer isoliert wurden und nun vom Regen und vom Grundwasser gespeist werden. Sie können während der heißesten Tage des Jahres zwar austrocknen, doch bilden sich diese Teiche und Sümpfe inmitten der Dünenlandschaft stets aufs Neue.

Und so lebt diese vermeintliche Wüste tatsächlich: Vögel, Insekten und Frösche, aber auch Füchse, Rehe, Wildschweine, Kaninchen und Marder finden hier Unterschlupf und reichlich Nahrung. Und natürlich die Rinder. Undurchdringliches, wenn auch herrlich duftendes Buschwerk – vor allem Sanddorn, aber auch Brombeere und Liguster – würde die Düne überwuchern, wenn die Rinder nicht wären, die sich hier pudelwohl fühlen: Extensive Weidewirtschaft hält einige Flächen frei von Bewuchs. Auf einem gut markierten Weg lässt sich eine abwechslungsreiche einstündige Runde über die Düne und durch ihre Feuchtgebiete drehen. Der Eindruck der Landschaft wechselt zwischen wüstenähnlich und sumpfig, der Liguster duftet, Vogelgekreische und Grillenzirpen erfüllen die Luft. Durch eine Art Wüste zu stapfen und dabei die Frösche quaken zu hören – es gibt Gelegenheiten im Leben, die man sich nicht entgehen lassen sollte.

Adresse Parkplatz bei 1401 Rue de l'Authie, 80790 Fort-Mahon-Plage | **Anfahrt** über die D 32 nach Fort-Mahon-Plage, die Rue de l'Authie ist ihre direkte Verlängerung | **Tipp** Die Pointe du Routhiauville zählt zu den schönsten Aussichtspunkten der unmittelbaren Umgebung.

41 Die Éco-Museen

In Fourmies hat es sich ausgesponnen

Nordfrankreich hatte in den letzten Jahren keine gute Presse. Rund um die Präsidentschaftswahlen von 2017 schwärmten Reporter aus aller Herren Länder aus, um möglichst deprimierende Stimmungsbilder aus den desindustrialisierten Gebieten einzufangen, in denen der Front National so starken Zulauf fand. Wer die Gegend verstehen möchte, sollte sich aber auch mit ihrer Vorgeschichte befassen – der Industrialisierung, die sie im 19. Jahrhundert geprägt hat. Vier sogenannte »Écomusées«, in denen das Berufs- und Alltagsleben der Menschen und ihre handwerklichen Traditionen im Vordergrund stehen, bieten dazu Gelegenheit. Etwa in der ehemaligen Textilstadt Fourmies, die einmal als Welthauptstadt des Wollfadens galt. 1825 eröffnete die erste Spinnerei in dem 2.000-Einwohner-Städtchen. Wenige Jahre später lebten hier 16.000 Menschen, die in 32 Spinnereien arbeiteten.

Das heutige Museum war eine davon, von 1863 bis 1978 waren ihre Dampf- und Spinnmaschinen in Betrieb. Gut, dass der Geruch von damals nicht erhalten ist: Etwa sechs Tonnen Kohle verschlang allein die große Dampfmaschine täglich, dazu kam der Gestank der ungewaschenen Schurwolle, die aus Neuseeland oder Südafrika über Amsterdam und Lille per Bahn geliefert wurde. So unerträglich wie der Geruch, der damals über Fourmies gelegen haben muss, waren die Lebensbedingungen der Arbeiter: Siebenjährige Kinder arbeiteten an sechs Tagen die Woche zehn Stunden lang, Erwachsene fünf Stunden länger. 1891 demonstrierten die Arbeiter rund um den ersten Mai für eine anständigere Behandlung. Die Armee schoss in die Menge, vier Frauen und ein Kind waren unter den neun Toten.

In den 80er Jahren schloss die letzte Spinnerei von Fourmies – zeitgleich mit der Bendix-Fabrik, die in den 1960ern Frankreichs wichtigster Hersteller von Waschmaschinen war. Irgendwie logisch: Was hätten sie noch waschen sollen?

Adresse Place Maria Blondeau, 59610 Fourmies | **Anfahrt** Fourmies liegt an der N 2, etwa 20 Kilometer südlich von Maubeuge, unweit der belgischen Grenze. | **Öffnungszeiten** März–Nov. Di–Fr 9–12 und 14–18 Uhr, Sa, So und feiertags 14.30–18.30 Uhr | **Tipp** Versäumen Sie nicht die drei weiteren Éco-Muséen der Region: Frankreichs ikonische Parfum-Flacons etwa wurden einst im nahen Trélon hergestellt. Die alte Mühle von Felleries widmet sich der Drechslerei, das Museum in Sains-du-Nord der Landwirtschaft. Alle Informationen unter www.ecomusee-avesnois.fr.

42 Die blauen Quellen

Warum ist das Wasser blau?

»Weil sich der Himmel drin spiegelt!« Jedes ernsthaft zeichnende Kind bekommt irgendwann diese Antwort auf die wichtige Frage, warum das Wasser eigentlich blau ist. Und wie das nun einmal so ist mit den schnöden Fakten: Ein bisschen unbefriedigend ist das schon.

Im hübschen Backsteindörfchen Fréchencourt gibt es das Problem nicht. Keinem Kind würde es dort einfallen, eine derart dumme Frage zu stellen. Das Wasser ist nämlich blau, weil es eben blau ist – das sieht doch schließlich jeder! Wer das nicht glaubt, folge dem Schild »Puits tournants« gegenüber der Kirche. Ein Feuchtgebiet erstreckt sich unterhalb der Felsen, an deren Oberkante der Friedhof liegt. Man spaziert in einem Auwald an stillstehenden Wasserarmen entlang, in ihrer Mitte befindet sich ein großer Teich. Alle paar Meter breitet sich ein leuchtend blauer Fleck im Wasser aus: Es handelt sich um unterirdische Quellen, die das Gewässer speisen. 260 sind es insgesamt, und sie sind unbestreitbar von einer geradezu unwirklich intensiv blauen Farbe. Betrachtet man sie genauer, sieht man das blaue Wasser aus der Tiefe in die Teicharme strömen, wenn auch nicht so schnell wie früher, als sich kleine Strudel bildeten, von denen der Ort seinen Namen hat: *Puits tournants* bedeutet »kreiselnde Brunnen«.

Für den magischen Anblick gibt es natürlich eine Erklärung. Eine chromatische Absorption liege vor, die mit dem extrem reinen Quellwasser, kalkhaltigen Untergrund und geschluckten Spektralfarben zu tun hat. Nun ja. Spannender ist hingegen die Frage, ob schwangere Frauen, die längere Zeit ins blaue Wasser blicken, wirklich ein Kind mit blauen Augen auf die Welt bringen werden. Und was mit dem Gespann passiert ist, das einst in einen der Strudel stürzte, in die Tiefe gesaugt wurde und spurlos verschwand. Ein guter Ort, darüber nachzudenken. Picknickdecke, Ölfarben (blau!) und Staffelei dabeizuhaben kann nicht schaden.

Adresse 80260 Fréchencourt, Abzweigung von der Grande Rue gegenüber der Kirche, nach wenigen Metern ist rechts ein Parkplatz | **Anfahrt** von Amiens über die D 929 in Richtung Albert, den Wegweisern folgen | **Tipp** Nur wenige Minuten entfernt, am Rand von Corbie, stößt man auf die bemerkenswerte Kirche Notre-Dame de la Neuville de Corbie, deren prächtiges spätgotisches Portal den Einzug Jesu nach Jerusalem am Palmsonntag zeigt.

43 Le Moulin Wintenberger

Schwerarbeit im Museum

Was genau ist eigentlich die sprichwörtliche »Tretmühle«, über die manche gern jammern? Wer das wissen möchte, wird um einen Besuch in Frévent nicht herumkommen. Zu jammern findet man dort allerdings wenig: Die Landschaft entlang dem Fluss Canche ist idyllisch, das bereits im 13. Jahrhundert zur Stadt erhobene Frévent hat ein kleines, aber hübsches Zentrum und vor allem ein stattliches Schloss, das bis zur Revolution einmal Teil eines Zisterzienserklosters war.

Wer würde vermuten, dass Frévent einmal ein zwar nicht riesiges, aber doch brummendes Industriezentrum war? Zwei Spinnereien beschäftigten 600 Arbeiter, dazu kam eine Fabrik zur Verarbeitung von Zichorien und eine für Landwirtschaftsmaschinen. Wie anderswo auch brachte der Siegeszug des Nylons die Spinnräder in Frévent zum Stillstand, das bereits im Mittelalter bedeutende urbane Zentrum im »Ternois« genannten Landstrich am Fluss Canche versank in einen Dornröschenschlaf: Die Spinnereien und die Maschinenfabrik wurden stillgelegt, die Wassermühle aus dem 12. Jahrhundert, die letzte der einst vier Mühlen der Stadt, klapperte ohnehin längst nicht mehr.

Ende der 1990er dürfte ein kussfreudiger Prinz vorbeigekommen sein: Die Gemeinde beschloss, ihre alte Mühle, die vorübergehend als Feuerwehrkaserne gedient hatte, zu renovieren und zum Museum umzubauen – dafür geeignete Stücke hatte man dank der jahrzehntelang in der Stadt gefertigten Landwirtschaftsgeräte ja genug. In 24 Sälen auf vier Etagen ist in dem stattlichen Gebäude eine der größten vergleichbaren Sammlungen Frankreichs untergebracht. Und hier gibt es auch tatsächlich eine Tretmühle, die genauso funktioniert, wie man es ohnehin vermutet hat: Durch eine Art Förderband wird ein Mechanismus ins Laufen gebracht, der einen Mühlstein antreibt. Eine schweißtreibende Plackerei – aber nur für Pferde, und die jammern nicht.

Adresse Place du Château, 62270 Frévent | Anfahrt Frévent liegt auf halber Strecke zwischen Arras und Abbeville, das Museum direkt an der D 916 (in der Stadt: Rue du Maréchal Leclerc). | Öffnungszeiten April–Okt. Di–Sa 14–18 Uhr, im Juli und Aug. auch So | Tipp Hochzeitsbräuche ähneln sich oft, den des nahen Lucheux gibt es aber nur dort: Zwei jahrhundertealte Linden sind so dicht aneinandergewachsen, dass man nur mit Mühe dazwischen durchkommt. Wer von zwei Frischvermählten schneller ist, wird in der Ehe die Hosen anhaben.

44 La Montagne de Frise

Schäfchen zählen zwischen Bombentrichtern

Lesen ersetzt so manche (Zeit-)Reise. Es gibt aber auch Orte, die einem in Sekundenbruchteilen vermitteln, was man in langen Lesewochen doch bestenfalls annähernd hätte begreifen können. Die Geländekante oberhalb des beschaulichen Dörfchens Frise an der Somme ist so ein Ort.

Weit schweift hier der Blick über eine Postkartenlandschaft. Die Somme mäandert in der Tiefe vor sich hin, unzählige Teiche zeugen von der uralten Tradition des Torfabbaus am Fluss. Wo einst Heizmaterial gewonnen wurde, stehen jetzt Fischer- und Jagdhütten. Das Kreischen Tausender Wasservögel erfüllt die Luft. Man steht inmitten einer Art Almwiese, frei herumlaufende Schafe und Kaninchen halten die steilen Hänge frei von Bäumen und Gesträuch. Das Gras duftet in der Sonne. Wer Glück hat und sich auskennt, kann hier zahlreiche seltene Blumen und Schmetterlinge beobachten. Da und dort trocknen Schafsköttel am Grund einer der vielen Kuhlen, die Reste eines Lagerfeuers zeugen von romantischen oder geselligen Stunden inmitten der herrlich unberührten Landschaft.

Wie der Schein doch trügen kann! Unberührt ist hier gar nichts: Die vielen Mulden sind nichts anderes als Bomben- und Granatentrichter. Die Geländekante mit der schönen Aussicht war von 1914 bis 1918 ein heiß umkämpfter strategischer Punkt, die Landschaft wurde für immer vom Krieg überformt und gezeichnet. Hier kämpfte auch Blaise Cendrars, ein Schweizer Autor und Abenteurer, der sich zu Beginn des Weltkriegs unter falschem Namen freiwillig als Fremdenlegionär meldete, um Frankreich gegen den germanischen Expansionsdrang zu verteidigen. Er beschrieb die Wochen, die er in der sumpfigen Ebene verbrachte, eindrucksvoll in seiner autobiografischen Erzählung »Die rote Lilie« (»La main coupée«). Man kann einem ausgeschilderten Pfad auf seinen Spuren folgen oder auf eigene Faust durch die Landschaft streifen – eine der dichtesten der Picardie.

Adresse Le Village, 80340 Frise | **Anfahrt** Autobahn A 1, Ausfahrt 13, den Wegweisern über die D 471 zum Belvedere de Frise folgen (Parkplatz in einer Nebenstraße) | **Tipp** Hintergründe zum Geschehen vor über 100 Jahren liefert das Historial de la Grande Guerre im nahen Péronne. Auch hier spricht nicht nur die Ausstellung, sondern der Ort selbst zum Besucher: Das Museum befindet sich in einer vom Artilleriebeschuss zerstörten Burg.

45 Le jardin des ifs

Frankreichs letzter Renaissance-Eibengarten

Die Eibe ist ein besonderes Gewächs. Bis auf die roten Kügelchen, die ihre Samen im Herbst umhüllen, ist alles an ihr giftig. Die Bestände des in Europa einst weitverbreiteten Baumes (oder Strauches? Nicht einmal das kann man so genau sagen!) wurden seit der Antike schwer dezimiert, da sich ihr elastisches Holz, das niemals fault, so gut zur Herstellung von Bögen und anderen Gegenständen eignet. Unverzichtbar ist der gut in Form zu bringende Baum auch in Barockgärten *à la française* – und auf Friedhöfen: Schon für die alten Kelten und Germanen stand die Eibe wahlweise für den Tod oder die Unsterblichkeit. Angesichts ihrer Lebenserwartung kein Wunder: »So eine Eibe kann auch 2.000 Jahre alt werden«, erklärt Pierre Higonnet, seines Zeichens Wirt – oder, wie er sagen würde: Bistronom –, Bio-Gärtner, Permakulturfreak und Eigentümer eines der bemerkenswertesten Eibengärten Europas. Zwischen den Bäumen seines »jardin des ifs« flanierte schon Renaissance-König Henri IV. Die 400 Jährchen, die das mittlerweile zurückliegt, sind für so eine Eibe schließlich nicht der Rede wert. Ein bisschen Ehrfurcht kann man also schon mitbringen, schickt man sich an, die ewig jungen Uralt-Bäume in Gerberoy zu besuchen, einem der schönsten Dörfer Frankreichs. Sonst braucht es nichts: Man muss zwar das Restaurant »If« von Pierre Higonnet durchqueren, um zum Garten zu gelangen, Konsumzwang gibt es aber keinen. »Wir sind ja nicht bösartig«, so der unerschütterlich gut gelaunte Gärtner-Wirt.

Seine Heiterkeit beruht wohl auf dem Bewusstsein, doch nur der vorübergehende Betreuer dieser längst als Naturdenkmal eingestuften Bäume zu sein, die seit Jahrhunderten hier stehen und auch noch viele weitere Jahrhunderte hier stehen können, wenn man sie lässt. Am besten meditiert es sich über diese Weisheit im Inneren eines von zwei Eiben gebildeten Iglus mitten im Garten.

Adresse 3 Impasse du Vidame, 60380 Gerberoy | Anfahrt von Beauvais über die D 133, das Auto lässt man am besten unterhalb des Dorfes stehen, zu Fuß in Richtung Kirche, beim blau-weißen Fachwerkhaus mit den vielen Rosen links abbiegen | Öffnungszeiten Mai–Sept. Mi–So 10–18 Uhr | Tipp Der Großteil des »Pays de Bray«, zu dem auch Gerberoy historisch zählt, liegt in der Normandie. Ein Abstecher lohnt sich: zum Beispiel nach Sommery ins Freilichtmuseum »Ferme de Bray« – dort gibt es auch schöne Gästezimmer.

46 Die fromages picards

Käse macht erfinderisch

Ludwig XIV. verstand die hohe Kunst des Herrschens wie kein Zweiter. Der Rollot sei sein Lieblingskäse, ließ er wissen. Daraufhin durften die Einwohner des pikardischen Dorfes, das den aromatischen Weichkäse herstellte, einen Teil ihrer Steuern in Käselaiben entrichten – und waren womöglich sogar stolz darauf. Seltsam, dass es über den Brie de Meaux und den Epoisses ganz ähnliche Geschichten zu erzählen gibt …

Und noch seltsamer, dass ein Käse mit derart nobler Vergangenheit so gut wie in Vergessenheit geriet. Das fand vor einigen Jahren auch Anselme Baudoin, der auf einem Bauernhof westlich von Beauvais aufgewachsen war und an einer Grande École Ingenieurwesen studiert hatte. Seine Großeltern hatten noch Käse, Cidre und Calvados hergestellt, doch mittlerweile war es so gut wie unmöglich, in der Gegend einen ordentlichen Rollot aufzutreiben. Eines Tages beschloss Anselme, die vernachlässigte Käsetradition der Picardie wiederzubeleben. Er hängte die Technikerkarriere an den Nagel und übernahm den 1860 erbauten Hof der Familie. 1.500 Liter Milch geben seine 100 Kühe zweimal täglich. Anselme macht jede Woche 500 *tomme* genannte kleine Käselaibe daraus, die danach ein paar Wochen lang regelmäßig mit Cidre eingerieben werden oder im Heu heranreifen. So mag Anselme seinen Käse am liebsten, doch natürlich stellt er auch den Lieblingskäse des Sonnenkönigs her, den Rollot, sowie den nicht minder traditionsreichen Bray Picard. Er variiert die alten Rezepturen, fügt dem Käse Leinsamen hinzu oder erfindet überhaupt neue Sorten: Frischkäse mit Rosengelee etwa, nach dem für seine Rosen berühmten Dorf Gerberoy benannt, oder den Crèvecoeur, der heute der einzige pikardische Blauschimmel ist und herzzerreißend gut schmeckt. 80 Prozent des Käses werden in der Region verspeist – das hätte es zu Ludwigs Zeiten nicht gegeben.

Adresse 2 Rue Alexis Maillet Choqueuse, 60380 Grémévillers, Tel. +33/344824147 | **Anfahrt** von Beauvais über die D 901 und die D 930 | **Öffnungszeiten** Mo – Fr 15 – 18 Uhr, Sa 14 – 17 Uhr. Ist geschlossen, hilft der Käseautomat (»Distributeur de Fromages«) direkt an der Landstraße – Kartenzahlung möglich. | **Tipp** Den passenden Cidre zum Käse, aber auch allerlei Terrinen und sonstige Produkte vom (Bio-)Schwein und Lamm, Konfitüren und andere Köstlichkeiten findet man ein paar Kilometer weiter südlich im Hofladen der Ferme de Mesenguy: 2 Rue de Mesenguy, 60390 Villotran, Tel. +33/659001245.

47 Das Familistère

Eine Utopie, in der es sich leben lässt

»Ja, wo kämen wir denn dahin?« – »Was, wenn das alle tun würden?« – »Stellen Sie sich vor, Ihr Beispiel macht Schule!« – Für seine Standesgenossen waren die Ideen des Jean-Baptiste André Godin die reinste Horrorvision.

Der Unternehmer, der im Städtchen Guise gusseiserne Öfen herstellte, mutete den Herren in Gehrock und Zylinder tatsächlich allerhand zu: Er ließ seine Arbeiter am Reichtum, den sie produzierten, teilhaben. Unerhört! Die Gehälter wurden erhöht und die Arbeitszeit verkürzt auf nur noch zehn Stunden Arbeit am Tag, und das an nur sechs Tagen die Woche. Skandalös! Und es geht noch weiter: Die Arbeiter hausten nicht mehr in Baracken, sondern in hellen, luftigen Wohnhäusern, in denen es sogar fließendes Wasser gab. Und in deren überdachten Innenhöfen Feste gefeiert wurden! Hat man noch Töne? Eigene Theater gab es, für die Arbeiter! Und Schulen, in denen Jungen und Mädchen gemeinsam unterrichtet wurden! Laizistisch! Und am schlimmsten: Entscheidungen wurden nicht mehr vom Eigentümer gefällt, sondern in einer Generalversammlung. Bei der sogar die Frauen Stimmrecht hatten! In geheimen Wahlen!

Gut vorstellbar, dass manchen wohlhabenden Industriellen spätestens bei diesem Gedanken der Herzinfarkt hinwegfegte. Ungerührt setzte Godin um, wovon er als Anhänger des utopischen Sozialismus Charles Fouriers überzeugt war. Das 1880 begonnene Experiment lief jahrzehntelang erfolgreich. Ausgerechnet 1968 fand es ein abruptes Ende. Das Unternehmen wurde nach Fehlentscheidungen von der Konkurrenz übernommen, filetiert und verkauft, die Gesellschaft aufgelöst – wohl zur großen Erleichterung mancher. Doch noch kann das Familistère besichtigt werden. Es wird nach wie vor bewohnt, Theater und Schule sind noch da – ganz so, als würde der einzigartige Komplex nur darauf warten, dass jemand das Experiment weiterführt. Inspiration dafür findet sich hier schließlich mehr als genug.

Adresse Cité Familistère, 02120 Guise | **Anfahrt** Das Familistère befindet sich am nördlichen Ortsrand von Guise, den Hinweistafeln folgen. | **Öffnungszeiten** täglich 10–18 Uhr, Führungen an Wochenenden um 11.30, 14.30 und 16 Uhr | **Tipp** 1.000 Jahre Militärgeschichte kann man in der nahen Burg von Guise besichtigen. Der im Ersten Weltkrieg schwer beschädigte Sitz der Herzöge von Guise diente jahrzehntelang als Mülldeponie, wurde mittlerweile aber restauriert.

48 La Pierre Clouise

Druiden, Wölfe und heiße Backen am Druidenstein

Eine glatte Steinplatte schmiegt sich mitten im Wald an den Hang. Ein paar Bruchstücke weiter oben lassen vermuten, dass der riesige Stein mit seinen acht bis zehn Metern Durchmesser vor Tausenden Jahren noch größer gewesen sein muss.

Seit Menschengedenken bietet der Monolith Anlass für Legenden und Rituale. Sein Name soll auf eine Verballhornung von »Druide« zurückgehen, die Gallier führten hier angeblich Vaterschaftstests durch: Wenn ein auf einen Schild gebettetes Neugeborenes, das der Vater vom oberen Rand den Stein hinunterrutschen ließ, ohne zu weinen bei der unten wartenden Mutter ankam, galt das Kind als legitim. Was andernfalls passierte, darüber schweigen die Quellen. Einmal, so wird erzählt, haben sich die Männer des hier ansässigen Gallierstammes grausam an ihren Frauen gerächt. Als die Männer auf Kriegszug waren und ein Wolfsrudel die Frauen bedrohte, wurden diese in höchster Not von vorbeikommenden Jägern gerettet. Sie sollen sich dann allzu leidenschaftlich bei ihren Rettern bedankt haben, woraufhin die gleichzeitig zu spät und zu früh zurückgekehrten Krieger die Frauen und ihre Liebhaber massakriert und auf dem Stein zurückgelassen haben sollen.

Weniger blutrünstig sind die Bräuche rund um den alten Druidenstein, von denen noch im 19. Jahrhundert berichtet wird: Am ersten Sonntag der Fastenzeit trafen sich die jungen Leute der umliegenden Dörfer bei der Pierre Clouise zur Rutschpartie. Junge Frauen, die es wagten, so wenig bekleidet wie möglich und unfallfrei den Stein hinunterzurutschen, sollten noch im selben Jahr einen Ehemann finden. Ein Dorfpfarrer regte sich im Jahr 1653 schriftlich über die Amoralität solcher heidnischen Bräuche auf. 1867 wurde die letzte feierliche Rutschpartie im Wald von Haramont begangen, die Tradition versiegte. Heute liegt der Stein wieder in stiller Waldeinsamkeit – verlockend rutschig sieht er aber noch immer aus.

Adresse 02600 Haramont. Der Stein liegt im Wald von Retz zwischen dem Dorf Haramont und der D973, etwa 2 Kilometer nördlich der Einmündung in die N2. Es gibt einen kleinen Parkplatz schräg gegenüber dem Fußweg zum Stein (dieser ist 400 Meter von der Straße entfernt). | **Tipp** Eine Fahrt durch das nahe Vallée d'Automne empfiehlt sich, um einige der sehenswertesten Kirchen und Dörfer des Valois zu besichtigen. Ein Höhepunkt ist die alte Abteikirche von Morienval.

49__Claire Halleux' Maroilles

So muss Käse!

Käse ist zunächst eine ziemlich flüssige Angelegenheit, und genau hier liegt das Problem: »Wir müssen die Molke aus der Milch kriegen«, erklärt Claire Halleux, die an diesem Morgen – wie an jedem anderen auch – gut 1.200 Liter Rohmilch ihrer hofeigenen Kühe in 74 große, 42 mittelgroße und 108 kleine Laibe Maroilles zu je 720, 540 oder 360 Gramm verwandeln wird.

In einer großen Wanne in einem weiß gekachelten Raum, der auf gut 30 Grad aufgeheizt ist – »Die Bakterien müssen sich wohlfühlen!« –, wird dazu die bereits gestockte, mit Lab versetzte Milch mit einem Sieb geschnitten, bis die so entstandenen Stückchen wie grober Cottage-Cheese aussehen. Danach geht alles sehr schnell: Claire, ihre Nichte und ein Mitarbeiter gießen das Käse-Molke-Gemisch in die bereitgestellten Formen auf einem langen Arbeitstisch. Es plätschert und scheppert, es rauscht und wallt, es dampft und es zischt: eine Symphonie aus Geräuschen und Gerüchen in schnellem Rhythmus, bis die große Wanne leer und der Käse in den Formen ist. Nach 20 Minuten kehrt plötzlich Ruhe ein. Die Käselaibe werden nun noch in eine Salzlösung getaucht, die die Molke aus den Laiben zieht, dann geht es für sechs bis zwölf Wochen in den Keller. »Die Bakterien machen die übrige Arbeit für uns«, erklärt Claire Halleux.

Die studierte Landwirtin hat den Hof 1982 mit ihrem Mann übernommen, sie zählt zu den sieben Produzenten, die echten AOP-Maroilles herstellen. Dieser kommt ohne zugesetzte Kulturen oder gar Farbstoffe aus. Er entsteht aus Rohmilch, Lab und dem Knowhow der Käserin: »Die Bakterien, die wir brauchen, sind von Anfang an in unserer Milch. Wir müssen sie nur unterstützen«, erklärt Claire ihre Arbeit, für die sie bereits zahllose Käse-Goldmedaillen eingeheimst hat. Morgen wird sie wieder 1.200 Liter Milch in einen der aromatischsten Käse verwandeln, die Frankreich zu bieten hat.

Adresse Ferme de la Fontaine Orion, 02140 Haution, Tel. +33/323982250 | Anfahrt nur wenige Minuten von Vervins – in Haution einfach den Wegweisern folgen | Öffnungszeiten Mo–Fr 9–12 und 14–18 Uhr, Sa 9–12 Uhr | Tipp Wenn Sie Käse in Claires Hofladen kaufen, lassen Sie sich auf alle Fälle ihr Rezept für die Tarte au Maroilles mitgeben!

50 Le Café des Orgues

Auf Flügeln des Georgels, Herzeele …

So dick wie Telefonbücher sind die vergilbten Kartonstapel im Regal. Auf die Schnittseiten hat jemand mit recht ungelenken Buchstaben die Titel geschrieben, sodass man sie auch lesen kann, wenn viele Stapel übereinanderliegen: »Let's Twist Again«, »Je ne regrette rien«, »C'est toi que j'aime«. Geordnet sind sie nach Musikstilen, Tango, Rumba, Twist und Swing, doch Jean-Luc Fermon, der während der Woche in einem Postverteilzentrum arbeitet, weiß auch blind, wann er welchen der Stapel aus dem Regal nehmen und in die Vorrichtung in dem schmalen Gang genau gegenüber spannen muss, damit im Saal die Stimmung passt. Er steht an der Rückseite einer mechanischen Orgel aus den 20er Jahren, die eine der Wände des Tanzsaals im Orgelcafé von Herzeele komplett ausfüllt. Blatt für Blatt wird ein Stapel Lochkarten vom Lesegerät der Maschine eingesaugt und am anderen Ende der Vorrichtung wieder fein säuberlich zusammengelegt.

Eine Gruppe Stammgäste tanzt einen zackigen Cha-Cha-Cha in Formation, sie kommen jeden Sonntag hierher zum Tanztee. Reihum werden die drei mechanischen Orgeln des Lokals von Jean-Luc bedient, Sonntag für Sonntag, seit Jahrzehnten. Früher einmal waren sie nicht fix installiert, sondern zogen von Dorf zu Dorf, von Fest zu Fest. Der damalige Besitzer des Orgelcafés sammelte die alten Instrumente und versteckte sie in seinem Keller, als die Wehrmacht Nordfrankreich besetzte. Nach dem Krieg kaufte er die Fleischerei neben dem Café und baute sie zum Tanzsaal aus, und da stehen sie nun und tun wie vor 90 Jahren jeden Sonntag Dienst. Ein wenig laut ist die Musik für den kleinen Saal, ein wenig groß sind die Orgeln, und das Licht könnte besser sein. Doch kommt man an einem Sonntagnachmittag nach Herzeele, sieht die Menschen beim Tanzen und hört den Sound der altehrwürdigen, phantastisch schönen Orgeln, weiß man: Es ist perfekt, so wie es ist.

Adresse 2 Rue des Orgues, 59470 Herzeele | Anfahrt Herzeele liegt direkt an der A 25, Ausfahrt 15. Das Orgelcafé ist im Zentrum. | Öffnungszeiten Tanztee immer sonntags ab 16 Uhr | Tipp Eine Fahrt von Herzeele über Wylder und Quaëdypre nach Bergues führt durch eine der schönsten Gegenden des Flandernlandes.

51__Das Zollmuseum

Haben Sie was zu verzollen?

1995 trat das Abkommen von Schengen in Kraft. Wie in Stefan Zweigs versunkener »Welt von Gestern« war es in einem Teil Europas nun wieder möglich, ohne Pass und lästige Kontrollen von einem Land ins nächste zu reisen. Feierlich wurden überall die Grenzbalken demontiert. Nein, nicht überall: Mit vollem Einsatz kämpfte der Bürgermeister des französischen Grenzdorfes Hestrud für den Erhalt »seines« Schlagbaums, den die Gemeinde schließlich kaufte. Nicht etwa aus Verbohrtheit oder um sich vor unerwünschten Eindringlingen zu schützen. In Hestrud hatte das Wort »Grenze« einen anderen Klang als anderswo. Es bedeutete keine Einschränkung, sondern unbegrenzte Möglichkeiten. Man musste eben damit umzugehen wissen.

Das Museum mit der natürlich stets offen stehenden Schranke setzt dem Geschick und Ideenreichtum ein Denkmal, mit denen sich entlang der Grenze von Hestrud Zöllner und Schmuggler ein jahrzehntelanges Katz-und-Maus-Spiel lieferten. Es gibt einen Kinderwagen mit doppeltem Boden zu sehen und eine Beinprothese, in der jede Menge Tabak Platz hatte. An Unterkleider wurden Dutzende Stoffröhren zum diskreten Transport von Kaffee genäht. Der Schlafsack mit eingebautem Feldbett wiederum war Teil der Ausrüstung der Zöllner: Sie legten sich damit entlang der Schmugglerrouten auf die Lauer, um den nächtlichen Grenzverkehr zu unterbinden. Spieße mit Widerhaken dienten zum Kontrollieren von Stroh- und Heuballen, riesige Spindeln zum Abwickeln von Wollknäueln, auf dass kein Meter Faden zu viel die Grenze unverzollt passiere. Wie beweglich diese über die Jahrhunderte war, zeigen Landkarten, anhand derer die wechselhafte Geschichte des stets heiß umkämpften Landstrichs sichtbar wird. Oder auch der Espresso im Museumscafé: der wird, ganz gegen die französischen Gepflogenheiten, mit Sahnekännchen serviert – sie ist eben ziemlich durchlässig, die franko-belgische Grenze.

Adresse 960 Rue de Beaumont, 59740 Hestrud | **Anfahrt** über die N 2 und die D 962 – einfach immer in Richtung Belgien fahren … | **Öffnungszeiten** Mo 10 – 15 Uhr, Mi – So 10 – 19 Uhr | **Tipp** Gegenüber dem Museum beginnt der markierte Wanderweg »Halte à la douane«, der zum gemütlichen Spaziergang entlang der alten Schmugglerpfade einlädt. Landkarte unter www.tourisme-avesnois.com.

52 Die Distillerie Persyn

Der beste Gin der Welt ist gar keiner

Genièvre steht auf der Flasche, auf Deutsch: Wacholder. Ist das also nun die französische Bezeichnung für Gin? Ein bisschen säuerlich lächelt Lionel Persyn über die Frage, die er wohl schon öfter gehört hat. »Wenn Sie so wollen, ist Genièvre eine Art Bindeglied zwischen Whisky und Gin«, erklärt er. »Aber Gin, schauen Sie, der wird meistens aus Industriealkohol gemacht. Unser Genièvre besteht zu 100 Prozent aus Getreide.«

Es spricht viel berechtigter Stolz aus Lionel, wenn er von seiner Arbeit erzählt. Seit 1812 gibt es die kleine Brennerei in Houlle, die er in vierter Generation führt. Das Verhältnis von Gerste, Weizen und Hafer, die die Basis für seine Brände darstellen, ist Familiengeheimnis. Die weitere Produktion nicht: Während man traditionell dreimal brennt (»In Schottland nur zweimal!«), brennt er seinen besten Genièvre viermal. »Er wird dadurch feiner und besser.«

Und der Wacholder, der dem Getränk den Namen gibt? Auf 3,6 Tonnen Getreide kommen gerade einmal fünf Kilogramm Wacholderbeeren, die vor dem letzten Brennen im Destillat ziehen und es so aromatisieren. Bis zu 25.000 Liter jährlich produziert Lionel, der eigentlich Apotheker war – wie auch der Erfinder des Getränks, Franciscus Sylvius, der im 17. Jahrhundert Wacholderbeeren aus medizinischen Gründen in den Korn gab.

Als Lionel den Betrieb von seinem Vater übernahm, hatte der gerade das Label »Patrimoine Vivant« erhalten, »lebendes Kulturerbe«. Lionel führt nicht nur eine Familientradition fort, sondern auch einen Vorzeigebetrieb: 1889, im Jahr der Einweihung des Eiffelturms, wurde der Brennerei bereits eine Goldmedaille verliehen. Tradition verpflichtet: 2018 kehrte Lionel von den World Gin Awards in London mit zwei Medaillen heim: Gold für den in Monbazillac-Fässern gereiften Genièvre und die Auszeichnung »weltbester Genever« für den vierfach gebrannten »Brut de Fut«.

Adresse 19 Rue de Watten, 62910 Houlle | **Anfahrt** Houlle liegt an der N 43, wenige Kilometer nordwestlich von Saint-Omer. | **Öffnungszeiten** Mo–Sa 9–12 und 14–18 Uhr | **Tipp** Wer sich auch äußerlich Gutes tun will, fährt von Houlle am besten ins nahe Holque weiter: Die dortige »Asinerie« stellt Hautpflegeprodukte aus Eselsmilch her und verkauft sie im Hofladen.

53 Die Martinskirche

Ekstase mit Mehrwert

Sie sieht so friedlich aus, die Region Thiérache mit ihren von Hecken gesäumten Viehweiden, ihren Hügeln und ihren Apfelbäumen. Aus der Milch wird Maroilles gemacht, der aromatische Weichkäse, aus den Äpfeln ein spritziger, feinherber Cidre. Doch jahrhundertelang interessierten sich diejenigen, die hier durchzogen, weder für die Schönheit der Landschaft noch für kulinarische Spezialitäten: Die Thiérache, in unmittelbarer Nähe der ehemals spanischen Niederlande gelegen, war seit jeher ein Auf- und Durchmarschgebiet unterschiedlichster Heere und Söldnerbanden. Immer wieder wurden die Dörfer geplündert und niedergebrannt, sodass die geplagten Bewohner des Grenzlandes zur Selbsthilfe griffen: Sie bauten die Kirchen, meist die einzigen soliden Gebäude weit und breit, zu wahren Festungen aus. In den Wehrtürmen fand die ganze Bevölkerung eines Dorfes samt Vieh Platz, die Türme wurden mit Schießscharten versehen, manche Kirchen hatten auch Brunnen und Brotbacköfen.

Parfondeval und Flavigny-le-Grand zählen zu den bekanntesten der Kirchenburgen aus Backstein, doch auch die zwar wehrhafte, doch vergleichsweise bescheiden dimensionierte Martinskirche von Jeantes lohnt unbedingt einen Abstecher: 1962 bekam die Gemeinde einen niederländischen Pfarrer namens Piet Suasso de Lima de Prado. Der Priester mit aristokratisch-portugiesischen Wurzeln war ein Kunstkenner und wurde eines Tages auf den niederländischen Maler und Bildhauer Charles Eyck aufmerksam. Der Priester bat seinen Landsmann um ein kleines Wandgemälde für seine schon recht heruntergekommene Kirche. Eyck kam, sah und malte. Fasziniert von der Schönheit des romanischen Taufbeckens begann er die Bibelszene vom wunderbaren Fischfang auszugestalten und war bald selbst gefangen: In einem wahren Arbeitsrausch malte er sechs Monate lang wie besessen, bis aus den bestellten zwei Quadratmetern 400 geworden waren.

Adresse 1 Place de l'Église, 02140 Jeantes | Anfahrt Jeantes liegt etwa zehn Kilometer östlich von Vervins. | Öffnungszeiten täglich 9–18 Uhr | Tipp Ein besonders schönes Stück der Thiérache ist das Vallée de la Brune: hübsche Dörfer, sehenswerte Wehrkirchen, liebliche Landschaft – und ganz viel Ruhe.

54 Die Mauer

Eine Potemkinsche Ruine

Der Ort trägt die »Festung« sogar im Namen. Tatsächlich ist die Burg, die hoch über dem Geburtsort Jean Racines thront, schon aus großer Distanz ein imposanter Anblick. Kommt man näher, entpuppt sie sich jedoch als Kulisse: Eine Mauer und drei, vier ziemlich verfallene Türme, mehr ist da nicht. Nun geht es vielen ehemals mächtigen Burgen ähnlich, doch La Ferté-Milon ist anders: Die Burg war nie größer. Die zur historischen Grafschaft Valois zählende Ortschaft dürfte zwar einmal wirklich befestigt gewesen sein, doch als sie an Ludwig I. von Orléans fiel, den jüngeren Sohn von König Karl dem Weisen, ließ dieser die alten Befestigungen schleifen, um eine neue, größere und stärkere Burg zu bauen. Die Zeiten waren schließlich unruhig. Der Hundertjährige Krieg lag noch nicht lange zurück, und König Karl VI. machte seinem Beinamen »der Wahnsinnige« alle Ehre. Er wurde immer wieder von Anfällen heimgesucht, den schlimmsten löste sein Bruder Ludwig selbst aus: Bei einer Balleinlage im Zuge einer Hochzeit entzündete der betrunkene Prinz versehentlich die Leinenkostüme einer Gruppe spaßeshalber aneinandergeketteter Tänzer – darunter der König. Dieser konnte gerettet werden, doch vier Tänzer verbrannten.

Der König fiel endgültig dem Wahnsinn anheim, sein Bruder leitete die Regierungsgeschäfte – sehr zum Missfallen seines Cousins Johann Ohnefurcht, der mittlerweile Herzog von Burgund geworden war. Johann ließ Ludwig im Jahr 1407 ermorden, woraufhin das Königreich in den Bürgerkrieg zwischen Burgundern und Armagnacs schlitterte. Und die Burg? Nun, da der Bauherr tot war, blieben die Arbeiten in La Ferté-Milon liegen. Die Kriegführung hatte sich grundlegend verändert, niemand brauchte mehr eine Ritterburg – und so steht die eine vollendete Mauer heute noch allein da. Im Gegensatz zu so manchem prächtigen Gebäude in der Region überstand sie die folgenden Jahrhunderte unbeschadet.

Adresse Chemin du Vieux Château, 02460 La Ferté-Milon | Anfahrt La Ferté-Milon liegt zwischen der N 2 und der A 4 im »Dreiländereck« zwischen den Départements Oise und Aisne sowie der Region Île-de-France, etwa 40 Kilometer nordöstlich des Flughafens Charles-de-Gaulle. | Tipp Das Städtchen hat einige pittoreske Ecken, originell ist auch das Museum für landwirtschaftliche Maschinen: 68 bis Rue de la Chaussée, Sa, So 10–12.30 und 14.30–17 Uhr.

55 Die Grenzsteine

An der österreichisch-französischen Grenze

Drei Lilien auf der einen, ein gekrönter Doppeladler auf der anderen Seite: Die verwitterten Steine rund um das Dörfchen La Flamengrie an der belgisch-französischen Grenze erzählen, so stumm sie an den Feldrändern dastehen, doch viele Geschichten auf einmal. Zunächst die der Österreichischen Niederlande, die mit dem Spanischen Erbfolgekrieg begann. Die Habsburger zogen damals gegen die Franzosen den Kürzeren, erhielten 1714 aber immerhin die einst von ihrer erloschenen spanischen Linie regierten Südlichen Niederlande. Die österreichische Herrschaft verlief weitgehend friedlich, bis Joseph II. die konservative katholische Bevölkerung mit seinen zu schnellen, zu radikalen Reformen gegen sich aufbrachte. 1795, nach manchem Hin und Her, annektierte schließlich Frankreich die Südlichen Niederlande. Durch den Wiener Kongress mit den Nördlichen Niederlanden zum »Königreich der Vereinten Niederlande« geworden, trennten sich die heutigen Benelux-Staaten in der belgischen Revolution von 1830 wieder. Das junge Belgien hatte danach Wichtigeres zu tun, als nicht mehr passende Grenzsteine auszuwechseln, und so zeigen die verwitterten Steine weiterhin »Autriche« an seiner Grenze an. Die Steine demonstrieren aber auch die Willkür jeder Grenzziehung. Der gegen jede Logik im Jahr 1830 festgelegte Grenzverlauf trennt das Dorf La Flamengrie von der nahen Stadt Roisin, die nunmehr in Belgien liegt, und lässt es wie eine französische Halbinsel im belgischen Meer aussehen, die nur durch einen schmalen Landstreifen mit dem Rest Frankreichs verbunden ist.

Die schönste Geschichte, die die Grenzsteine erzählen, ist aber doch die ihrer eigenen Bedeutungslosigkeit. Sie sind so egal, dass sie niemand wegräumt. Man fährt oder geht einfach daran vorbei, zum Beispiel auf einen Kaffee ins Schlösschen von Roisin. Oder man wandert sie ab und lauscht den alten Geschichten.

Adresse 59570 La Flamengrie (nicht zu verwechseln mit dem gleichnamigen Ort im Département Aisne!) | **Anfahrt** Der Ort liegt an der N 49 zwischen Valenciennes und Maubeuge. Karten zum »Circuit des bornes frontières« hat die Tourismusinfo von Le Quesnoy. Oder man bleibt einfach an der Grenze in Richtung Roisin stehen und macht sich auf die Suche nach den Steinen. | **Tipp** Bavay ist berühmt für seine römischen Ausgrabungen, aber auch ein Verkehrsknotenpunkt: Sternförmig gehen von hier Straßen weg, die Brunichild einst anlegen ließ. Eine Statue erinnert an die westgotische Frankenkönigin.

56__Der Raketenstollen

Wunderwaffenbunker und Fledermausparadies

Im September 1943 berichteten britische Aufklärer erstmals über »anormale Tätigkeiten« auf dem Plateau von Mimoyecques. Noch wussten sie nicht, dass sie die Abschussrampen für eine von Hitlers »Wunderwaffen« entdeckt hatten: Mit sogenannten Mehrkammerkanonen, »Vergeltungswaffe 3« beziehungsweise kurz V3 genannt, wollten die Nazis in ihrem Untergangsfuror noch schnell London in Schutt und Asche legen. Die Rohre der unter hohem Zeitdruck entwickelten Waffen waren 100 Meter lang und mussten fix installiert werden. Die Wahl von Hitlers Ingenieuren fiel auf das Hochplateau beim Weiler Mimoyecques, da sich dessen Untergrund gut für eine unterirdische Bunkeranlage nützen ließ. 120.000 Kubikmeter Beton wurden in ein gigantisches Stollensystem eingebaut, in dem Tausende Zwangsarbeiter, aber auch Pioniere der Wehrmacht rund um die Uhr schufteten. Die Briten arbeiteten fieberhaft daran, Näheres herauszufinden. Im Juni 1944 hatten sie Klarheit: Drei Mündungsöffnungen mit Ausrichtung London waren sichtbar geworden. 16 Lancaster-Bomber der Royal Air Force machten sich auf den Weg nach Mimoyecqes und warfen je eine Tallboy-Bombe von 5.400 Kilogramm über den V3-Mündungen ab. Ihre Wirkung war verheerend: Die Krater, die sie in der Landschaft hinterließen, sind 15 Meter tief und haben einen Durchmesser von 35 Metern. Zumindest eine Bombe fiel direkt ins Stollensystem und brachte es größtenteils zum Einsturz. Wie viele Menschen dabei ums Leben kamen, ist nicht bekannt. Hitlers Wunderwaffe war zerstört, London gerettet.

Heute ist der Rest des Stollensystems ein Museum. Einen Pullover sollte man auf jeden Fall dabeihaben, frösteln wird man bei der Erkundung dennoch: Die Kälte, die einem an diesem düsteren Ort in die Knochen kriecht, kommt nur teilweise von außen. Immerhin haben sich im verlassenen Bunker seltene Fledermausarten angesiedelt, doch das hätte man wohl einfacher haben können.

Adresse Rue de la Forteresse, 62250 Landrethun-le-Nord | Anfahrt Der Bunker liegt nur wenige Minuten von der A 16 (Ausfahrt 37) entfernt. | Öffnungszeiten April–Mitte Okt. 10–18 Uhr | Tipp Eine weitere Wunderwaffen-Basis gibt es in Wizernes bei Saint-Omer zu besichtigen: die V2-Startrampe »La Coupole«, die heute als Museum und Planetarium genützt wird.

57__Der P'tit train de la Haute Somme

Einmal hin, einmal her

»Baut keine Festungen mehr, baut Eisenbahnen«, soll Helmuth von Moltke irgendwann einmal gesagt haben. Er hatte dabei wohl keine pazifistischen Hintergedanken, doch wird ihm auch jeder recht geben, der einmal aus purem Vergnügen mit der alten Schmalspurbahn am Somme-Kanal gefahren ist, dem »P'tit train de la Haute Somme«.

Wie vor 100 Jahren rattern die kleinen Züge zwischen dem Weiler Froissy und Dompierre hin und her. Gebaut wurde die Bahnlinie im Ersten Weltkrieg tatsächlich zum Transport von Kriegsgerät, danach schaffte man damit jahrzehntelang unzählige Tonnen Zuckerrüben in die Zuckerfabrik von Dompierre. In den 70er Jahren war Schluss damit, doch schon wurde der Verein APPEVA gegründet, was in etwa »Verein für die Erhaltung und Pflege von alten Fahrzeugen in der Picardie« bedeutet. Immer wieder erstaunlich, wie viele engagierte Menschen es in Frankreich gibt, die Privatmuseen betreiben, sich für den Denkmalschutz engagieren oder die lokale Geschichte erforschen – als hätten sie alle ihren Humboldt gelesen, der bekanntlich sagte: »Nur wer die Vergangenheit kennt, hat eine Zukunft.«

1976 wurde die neue alte Schmalspurbahn eingeweiht und ein kleines Museum eröffnet, das über eine sehenswerte Sammlung von alten Schmalspur-Dampf- und Dieselloks verfügt. Und dann rattert das Bähnle auch schon los, Holzklasse für alle, am Wasser entlang in Richtung Dompierre. Das »Z« zur Bewältigung des Hanges kurz vor Dompierre zählt zu den Höhepunkten einer geruhsamen Fahrt durchs friedliche Land. Gelegentlich tutet die Sirene, in Dompierre wird die Lok umgehängt, ein großartiges Spektakel für die jüngeren Fahrgäste. Und dann geht es dieselbe Strecke wieder zurück. Ein Storch bringt sich am Somme-Kanal vor dem heranratternden kleinen Ungetüm in Sicherheit. Mehr gibt es nicht, mehr braucht es nicht.

Adresse 58 Route de Roye, 80340 La Neuville-lès-Bray | Anfahrt Der Bahnhof liegt im Weiler Froissy an der D 329, etwa zehn Kilometer südöstlich von Albert. | Tipp Im Dorf Cappy auf der Strecke des P'tit train war der »Rote Baron« Manfred von Richthofen gegen Kriegsende stationiert – im Museum von Bray-sur-Somme erfährt man alles über den letzten Luftkampf des legendären Piloten im April 1918.

58 Notre-Dame de Laon

Ochs am Berg

Laon war bis zur Französischen Revolution Teil der Île-de-France, und das sieht man auch: Sie ist die nördlichste aus Sandstein erbaute Stadt Frankreichs. Ab hier beginnt der in ganz Nordeuropa dominierende Backstein.

Mit Paris konnte Laon zwar nie rivalisieren, aber immerhin mithalten: Im Hochmittelalter hatte die Hauptstadt gerade einmal 40.000 Einwohner, Laon 10.000. Der Getreide- und Weinhandel hatte Laon, das über eine bedeutende Universität verfügte, reich gemacht. Die Stadt zog dank der Gebeine des heiligen Beatus auch zahlreiche Pilger an. Karl der Große war persönlich bei der Weihe der ersten Kathedrale anwesend. Heute hat Laon etwa so viel Einwohner wie das mittelalterliche Paris, doch von der einstigen Bedeutung der Stadt ist wenig übrig.

Immerhin hat Laon die ältere Kathedrale: Notre-Dame de Laon wurde zwischen 1155 und 1200 erbaut und zählt damit zu den frühesten bedeutenden gotischen Bauwerken. Die schnelle Bauzeit ist verantwortlich für die Einheitlichkeit und Harmonie des Kirchenraums. Sie hat einen besonderen Grund: Als die Ochsen eines der Gespanne zusammenbrachen, die die benötigten Steine auf den 100 Meter über die Ebene aufragenden Hügel von Laon ziehen mussten, stieg ein strahlend weißer Ochs vom Himmel, der unermüdlich Wagenladung um Wagenladung den Berg hinaufzog, bis der Bau vollendet war. Dann stieg das tüchtige Tier wieder in den Himmel hinauf. Zum Dank für die Hilfe von oben schmücken 16 lebensgroße Ochsenstatuen zwei der fünf Türme der Kathedrale.

Auch ihre Form macht die Türme einzigartig und rettete die Stadt vor der Zerstörung im Ersten Weltkrieg: Da der Erbauer des Roten Rathauses von Berlin, Hermann Friedrich Waesemann, die Türme von Notre-Dame de Laon als Vorbild gewählt hatte, wurde die Stadt von den Deutschen im Ersten Weltkrieg geschont. Sagt die Legende.

Adresse Place du Parvis Gautier de Mortagne, 02000 Laon | **Anfahrt** Laon liegt direkt an der N2, etwa 80 Kilometer nordöstlich von Paris. | **Öffnungszeiten** täglich 9–18.30 Uhr | **Tipp** Die ehemalige königliche Spiegelmanufaktur im nahen Saint-Gobain war von 1665 bis 1995 Sitz einer wichtigen Glasfabrik. Einer ihrer letzten Aufträge war passenderweise das Glas für die Pyramide im Louvre. Die Manufaktur kann jeden zweiten Sonntag im Monat besichtigt werden. Anmeldungen unter: asshiststgobain@free.fr.

59 Das Musée Matisse

Fast so schön wie Nizza

Sechs Monate würde er nach seiner Krebsoperation noch zu leben haben, hatten die Ärzte ihm erklärt. Neun Jahre war das nun her, damals war er 72 gewesen. Anfangs hatte er noch etwa eine Stunde pro Tag aufrecht stehen können, gestützt von einem eisernen Korsett. Mittlerweile verbrachte der alte Wilde seine Tage im Bett liegend. Da er nicht mehr malen konnte, erfand er eine Scherenschnitttechnik, in der er noch einige seiner wichtigsten Werke schaffen würde: die Jazz-Serie und die Rosenkranzkapelle von Vence, die er als sein Hauptwerk betrachtete. Kurz davor bekam der bettlägerige Henri Matisse Besuch von seinen drei Enkeln. Mit einer an einer Angel befestigten Kohle zeichnete er liegend ihre Porträts an die Zimmerdecke. »Das sind meine Enkel. Ich versuche, sie mir vorzustellen, und wenn mir das gelingt, fühle ich mich besser. Ich habe sie auch an den Plafond gezeichnet, um sie immer vor Augen zu haben, vor allem in der Nacht. Ich fühle mich weniger einsam«, sagte Matisse über das Bild, das zu den berührendsten des Museums in seiner Heimatstadt zählt. Die Zimmerdecke wurde abgenommen und in das Museum im ehemaligen Palast des Erzbischofs Fénelon gebracht.

Denn wenn man beim Namen Matisse auch sofort an das Centre Pompidou in Paris denkt, an Nizza und die 20er Jahre an der Côte d'Azur, an Picasso, James Joyce oder Strawinsky – geboren wurde der gefeierte Gründer des Fauvismus in einer völlig unglamourösen Kleinstadt im Département Nord. Seine künstlerische Laufbahn hatte begonnen, wie sein Leben endete: Mit 20 war der junge Jurist Matisse nach einer Blinddarmentzündung ein Jahr lang ans Bett gefesselt und entdeckte die Malerei für sich. Sein Lehrer Gustave Moreau prophezeite: »Sie werden die Malerei vereinfachen.« Er selbst erklärte, sein Strich sei die »direkte und reinste Übersetzung seiner Gefühle«. Was er damit meinte, sieht man an der Zimmerdecke.

Adresse Place du Commandant Richez, 59360 Le Cateau-Cambrésis | **Anfahrt** Le Cateau-Cambrésis liegt an der Kreuzung der D 643 mit der D 21. Auch die schnurgerade D 932 führt durch das Städtchen auf halbem Weg von Mons nach Saint-Quentin. | **Öffnungszeiten** Mi–Mo 10–18 Uhr | **Tipp** Nach dem Ausflug in die Welt von Matisse und Miró, ins dekadente Fin de Siècle und in die wilden 20er Jahre, nach Paris und an die Côte d'Azur erdet (und sättigt) nichts so gründlich wie ein Besuch im »Estaminet du Musée« genau gegenüber.

60 Durch die Somme-Bucht

Sand, Robben und unendliche Weite

Was Moses kann, kann Maxim schon lang: trockenen Fußes über den Meeresgrund gehen nämlich. Trotzdem zieht man für die Wanderung bei Ebbe quer durch die Bucht der Somme besser Aquaschuhe an, die auch nass werden dürfen – oder wandert gleich barfuß. Zwischen den kleinen Wiesen direkt hinter dem Parkplatz, auf denen seltsame Pflanzen wachsen wie Salzastern, Strandflieder und Seestachelbeeren, strömt noch jede Menge Wasser hinaus in den Ozean und bildet Bachbetten, die zu kleinen Canyons werden können. Je weiter man hinauswandert, umso spärlicher wird die Vegetation. Schlick und Plankton machen einige Passagen zur Rutschpartie, dann wieder überquert man weite Flächen von beinahe trockenem Sand. Ein verlässlicher Guide, der sich mit den Gezeiten auskennt, ist unabdingbar. So wie Maxim Marzi, der hier aufgewachsen ist und die Schönheiten und Gefahren der Bucht in- und auswendig kennt. Gleich zu Beginn zitiert er Colette, die zu Beginn des 20. Jahrhunderts einen Sommer in Le Crotoy verbrachte und sich in ihren Aufzeichnungen fragt: »Das Meer ist so weit weggegangen, kommt es vielleicht nie wieder?« Die Antwort gibt sie sich selbst: »Man liest auf dem Sand, man spielt, schläft, das Gesicht zum Himmel, bis einem eine kalte Zunge, die sich zwischen die Zehen schiebt, einen nervösen Schrei entreißt: Das Meer ist wieder da, ganz flach, es hat 20 Kilometer Strand mit dem lautlosen Tempo einer Schlange bedeckt.«

Maxim hat starke Fernrohre dabei, durch die sich zahllose Wasservögel beobachten lassen, vor allem aber die Kolonien von Seehunden und Kegelrobben, die sich in der Bucht angesiedelt haben. Man kennt die possierlichen Tiere zwar aus dem Zoo, doch ist es ein magischer Moment, sie in freier Wildbahn anzutreffen – inmitten der abwechslungsreichen, unendlich weiten Landschaft der Somme-Bucht, die das Meer in wenigen Stunden wieder verschlungen haben wird.

Adresse die Ausgangspunkte variieren, einer ist der Parking de la Maye: am Ende der Rue de la Maye, 80550 Le Crotoy, Tel. +33/613220002, www.guide-baie-somme.com | Anfahrt über Le Crotoy, vorbei am Campingplatz »Les 3 Sablières« | Tipp Nicht nur auf Schusters Rappen lässt sich die Bucht der Somme erkunden, sondern auch auf richtigen Pferden: Eine eigene Pferderasse ist hier heimisch, die Henson-Pferde, mit denen man Reitausflüge machen kann: Espace Equestre Henson: www.henson.fr.

61__Le blockhaus »Réfléchir«

Beach-Art im hohen Norden

Widerspiegeln oder nachdenken? Das französische Verb *réfléchir* kann beides bedeuten. Steht man vor dem Kunstwerk, ist natürlich sonnenklar, wie treffend der ambivalente Titel ist. Doch wie so oft bei den scheinbar einfachen Dingen: Drauf kommen muss man einmal. Seit 1943 reiht sich an den endlosen Stränden des äußersten französischen Nordens Bunker an Bunker. Nach der Befreiung von der Naziherrschaft hatte man in Frankreich jedoch anderes zu tun, als die Reste von Hitlers seit Baubeginn sinnlosem Atlantikwall wegzuräumen – was angesichts von Millionen an Kubikmetern Beton auch äußerst kostspielig gewesen wäre. So blieben die düsteren, brutalistisch-expressionistischen Betonmonster sich selbst überlassen, nur wenige konnten anders genutzt werden oder wurden zu Museen umfunktioniert.

An vielen Bunkern tobten sich Graffiti-Künstler aus, andere, wie das Blockhaus von Le Hourdel, scheinen von den Naturgewalten zu Kunstwerken gemacht worden zu sein. Auch bei Leffrinckoucke stand so ein vom Ozean aus seiner ursprünglichen Position gerissener, von vielen Graffiti-Schichten bedeckter Bunker am Strand. Dort steht er natürlich noch immer, doch er ist seit ein paar Jahren kaum wiederzuerkennen: 2014 begann der unter dem Street-Art-Namen »Anonyme« arbeitende Künstler Bertrand Seguin, das düstere Kriegsrelikt mit Zigtausenden Spiegelscherben zu bekleben. Anfangs arbeitete er heimlich und illegal, bald halfen ihm Studenten dabei, die 350 Quadratmeter Beton völlig hinter Spiegeln verschwinden zu lassen. Auch die Behörden gaben ihm schließlich ihren Segen. Pünktlich zur 70-Jahr-Feier der Befreiung von Dunkerque war das Kunstwerk vollendet, seither spiegelt es am Strand von Leffrinckoucke den wechselnden Himmel des Nordens wider und bringt die Passanten zum Nachdenken. »Ein Sieg der Schöpfung über die Zerstörung«, wie der Künstler sagt.

Adresse Digue Europlage, 59495 Leffrinckoucke | Anfahrt Der Parkplatz ist am äußersten nordöstlichen Ende des Strandes von Leffrinckoucke. | Tipp Es wäre ein Fehler, nur für ein schnelles Foto nach Leffrinckoucke zu fahren. Nehmen Sie sich Zeit für eine kleine Wanderung entlang der Dewulf-Düne, die unmittelbar hinter dem Spiegel-Blockhaus beginnt.

62 Die Reste von Vaucelles

Zisterziensischer Weltrekord

Nur Amiens war höher: Die Abteikirche, die die Zisterzienser im späten 12. Jahrhundert im Weiler Vaucelles errichteten, ein kleines Stück südlich von Cambrai, war die größte, die der Orden jemals erbaut hatte. Mit einer Länge von 137 und einer Höhe von 40 Metern stellte sie so gut wie alle gotischen Kathedralen der Île-de-France und des Nordens in den Schatten. Mit den Idealen des Bernhard von Clairvaux, der das Kloster von Vaucelles als 13. seines Ordens selbst gegründet hatte, ließ sich diese Großmannssucht freilich nicht vereinbaren: Einfachheit und Armut sprachen nicht aus einem solchen Prestigebau. Für den Abt Godescale, der die Arbeiten in Auftrag gegeben hatte, hatte dies Konsequenzen: Er wurde abgesetzt. Selbst der Abt des Mutterklosters Cîteaux wurde vom Ordensgericht bestraft.

Jahrhundertelang stand die riesige Kirche wie eine Kathedrale in Vaucelles, doch als der Orden vom revolutionären Frankreich aufgelöst und sein Besitz verstaatlicht wurde, ging es ihr nicht anders als allen übrigen Zisterzienserklöstern Frankreichs: Sie wurde verkauft und vom neuen Besitzer als Steinbruch für Baumaterial benützt. Freilich blieb so viel davon übrig, dass der Boden um die Reste der Abtei heute einen Meter höher ist als damals. Die alte Kirche ist noch immer zu sehen: Hecken, Säulenreste und Steine zeichnen im weitläufigen Park hinter den übrig gebliebenen Gebäuden ihren Grundriss nach. Ein weiterer Zisterzienser-Rekord hat die Zeit der Spitzhacken glimpflich überstanden: Der 1175 erbaute Kapitelsaal von Vaucelles ist der weltgrößte seiner Art. Vier Säulen tragen das in neun Kammern unterteilte Gewölbe, in dem der Abt einst zweimal täglich die Ordensregeln des heiligen Benedikt verlas. So nüchtern und kahl, wie sich der eindrucksvolle Raum heute präsentiert, würde er wohl selbst den strengsten Hütern der vom heiligen Bernhard verordneten Schlichtheit gefallen.

Adresse 6 Hameau de Vaucelles, 59258 Les Rues-des-Vignes | Anfahrt zehn Kilometer südlich von Cambrai, an der A 26 | Öffnungszeiten März, April, Okt. Di–Fr 10–12 und 14–17.30 Uhr, Sa 14–17.30 Uhr, So 15–18.30 Uhr, Mai, Juni, Sept. Di–Sa 10–12 und 14–17.30 Uhr, So 15–18.30 Uhr, Juli, Aug. Mo–Sa 10–13 und 14–17.30 Uhr, So 15–18.30 Uhr | Tipp 22 Kirchen wurden in Cambrai während der revolutionären Epoche abgetragen, darunter eine der schönsten gotischen Kathedralen Frankreichs, einst als »Wunder der Niederlande« bekannt. Ihr Modell kann in der »neuen« Kathedrale bewundert werden: Cathédrale Notre-Dame, Avenue de la Victoire, 59400 Cambrai.

63 Der polychrome Chor

Außen blau, innen bunt

Ziemlich abweisend, womöglich sogar etwas düster würde die Fassade der kleinen Martinskirche von Lez-Fontaine wohl wirken, wäre sie nicht aus elegant blauem Stein erbaut. Dieser ist typisch für die Region entlang der belgischen Grenze und verleiht ihren Dörfern gemeinsam mit dem ebenso typischen Backstein eine unverwechselbare Note. So wie die vielen kleinen Tanzkioske, die so gut wie jeden Dorfplatz der Region schmücken – der von Lez-Fontaine ist besonders hübsch.

Die kleine, vom Johanniterorden erbaute gotische Dorfkirche des Ortes, der einmal Leufonten hieß, also »Wolfsbrunn«, verfügt über einen ungewöhnlichen Chor: Seine Holzverkleidung wurde im Jahr 1531 mit Szenen aus dem Jüngsten Gericht geschmückt, die prachtvolle, nur leicht verblichene Bemalung blieb unverändert bis heute erhalten. Über den Schöpfer des Kunstwerks ist nichts bekannt, doch ist die weit und breit einzigartige Bemalung sichtbar an den alten flämischen Meistern geschult, die der Malerei nach der Universalkunst der Gotik ein unverwechselbares regionales Gepräge gaben. Auch Mariä Verkündigung und einzelne Heilige sind dargestellt, darunter der heilige Andreas: Er verweist auf die damalige Zugehörigkeit der Region zum Herzogtum Burgund, dessen mächtige Herzöge im Spätmittelalter versuchten, das alte Lotharingien wiederauferstehen zu lassen und zum unabhängigen Staat zwischen Frankreich und dem Heiligen Römischen Reich auszubauen. Das Andreaskreuz war ihr Wappen.

Verlässt man die nur von außen unscheinbare Kirche wieder – das Taufbecken aus blauem Stein sollte man nicht übersehen –, schweift der Blick über hügeliges, von Hecken unterteiltes Weideland, das ferne Brummen eines Traktors ist das lauteste Geräusch. Vielleicht war ja damals mehr los, als ein unbekannter flämischer Maler sich anschickte, seine Kunstfertigkeit an den Holzbrettern des Chores von Leufonten unter Beweis zu stellen.

Adresse 14 Rue du Général de Gaulle, 59740 Lez-Fontaine | **Anfahrt** Der Ort liegt unweit der N 2, wenige Kilometer südlich von Maubeuge. | **Öffnungszeiten** Die Kirche ist geschlossen, den Schlüssel bekommt man im Haus links daneben. | **Tipp** Das nahe Städtchen Solre-le-Château mit seinen Häusern aus blauem Stein und dem schiefen Kirchturm lohnt einen Abstecher.

64 Die Hinterhöfe von Lille

Zu Besuch bei Proletariern und Teufelsanbeterinnen

So möchte man in einer Stadt wohnen: mit großzügigen Fenstern im hellen ersten Stock und einem Balkon entlang der Fassade, von dem man den Blick auf die niedrigeren Häuser gegenüber genießen kann – und die Ruhe. Selbstverständlich liegt das schöne Haus vom Verkehrslärm geschützt am Ende eines Innenhofes.

Und so wohnte auch jemand: der Besitzer einer Fabrik im Vorort Wazemmes, der seine Arbeiter in den Häuschen unterhalb auch in ihrer Freizeit im Blick hatte. Die enge Sackgasse, die von der quirligen Rue Léon Gambetta wegführt, ist eines der letzten erhaltenen Beispiele der im 19. Jahrhundert typischen Wohnanlagen der traditionsreichen Industriestadt, die bereits 1896 einen sozialistischen Bürgermeister hatte. Viel später zogen Künstler in das verfallende Gebäude, heute noch ist die Anlage ein besetztes Haus, ein »Squat«, dessen Bewohner mit eher rudimentärem Komfort vorliebnehmen, interessierten Besuchern für einen kurzen Rundgang aber gern das Eisentor zur Anlage öffnen. Im ehemaligen Arbeitervorort sieht man noch da und dort ähnliche, wenn auch nicht ganz so pittoreske Innenhöfe, etwa in der Rue de la Justice.

Nichts mit Lilles proletarischer Geschichte zu tun hat die Rue des Brigittines, auch wenn die Straße, von der sie abzweigt, nach dem sozialistischen Bürgermeister Gustave Delory benannt ist. Tritt man durch eine offene Passage bei Nummer 58 der von klotziger Architektur der 60er Jahre dominierten Straße, findet man sich plötzlich im 17. Jahrhundert wieder. 1604 wurde hier eine Zweigstelle des Brigittinen-Ordens gegründet, doch schon wenige Jahre später hieß es, die Nonnen würden wilde Orgien treiben und den Teufel anbeten. Es kam zum Hexenprozess, immerhin musste niemand auf den Scheiterhaufen. Das Kloster wurde im Zuge der Revolution aufgelöst, die Hoffassaden stammen aber noch aus der Zeit der Brigittinen. Und tatsächlich grinsen Teufelsfratzen von den Traufen – also doch!

Adresse 149 Rue Léon Gambetta, 50 und 56 Rue de la Justice, 58 Rue Gustave Delory | **Tipp** Dienstags findet rund um die alte Backstein-Markthalle von Wazemmes ein riesiger, bunter und leicht trashiger Wochenmarkt statt: Place de la Nouvelle Aventure, 59000 Lille.

65 Die Kanonenkugeln

Lilles martialischer Fassadenschmuck

Ein schlüpfriger Scherz, den sich der Besitzer des Wäscheladens »Morel & Fils« gegenüber der Handelskammer hat einfallen lassen: Er ließ doch tatsächlich in einem freien Eck des barock geschnörkelten Fassadenputzes oberhalb seiner Auslage eine blanke weibliche Brust anbringen, kugelrund, schön rosa angefärbelt und mit deutlich sichtbarer, etwas dunkler gehaltener Brustwarze.

Allerdings stimmt die Geschichte nur halb: Die Farbe und der Kork-Nippel stammen tatsächlich vom letzten Inhaber des Wäscheladens, der in den 90er Jahren zur Szene-Bar wurde. Die Kugel hingegen war schon da, und das seit ziemlich langer Zeit: Im April 1792 hatte die französische Nationalversammlung dem »König von Böhmen und Ungarn« den Krieg erklärt. Gemeint war Franz II. von Habsburg, der Sohn des gerade überraschend verstorbenen Leopold II. Als Antwort auf die Kriegserklärung schickte der Habsburger seinen Schwager Albert von Sachsen-Teschen mit einer Armee nach Lille: Dieser war Generalgouverneur der österreichischen Niederlande und hatte daher keinen allzu weiten Weg. Mit 13.000 Mann zog er vor die Stadt und forderte sie zur Kapitulation auf. Bürgermeister François André-Bonté antwortete, Lille habe geschworen, Freiheit und Gleichheit zu verteidigen oder zu sterben. Man sei nicht meineidig.

Es folgte eine achttägige Kanonade der Österreicher, bei der 30.000 glühende Kanonenkugeln und 6.000 Bomben auf die Stadt niederhagelten. 2.000 Häuser wurden zerstört, doch Lille ergab sich nicht, bis die Angreifer vor den heranrückenden Revolutionsarmeen zurückweichen mussten. Albert und seine Frau Marie-Christine, eine Schwester Marie-Antoinettes, flohen wenig später nach Wien und gründeten dort immerhin die Albertina. Mehrere Häuser im Zentrum Lilles sind heute noch mit österreichischen Kanonenkugeln geschmückt, die die stolzen Hausbesitzer zur Erinnerung an den Sieg anbringen ließen.

Adresse Man findet die Kanonenkugeln im Stadtzentrum von Lille, vor allem an Fassaden der Rue de la Bourse, der Rue Lepelletier und der Rue de la Monnaie. | Tipp Wenn Sie schon die Fassaden studieren, achten Sie bei Barockhäusern auch auf die Engel zwischen den Fenstern: Umarmen sich diese, handelt es sich um zwei Fenster eines Zimmers, kehren sie einander den Rücken zu, ist eine Trennwand dazwischen.

66 Der steinerne Vorhang

So leicht wie Stein

Diese Geschichte ist einfach besser, wenn man sie von ihrem Ende her erzählt. Oder von ihrem Doch-nicht-Ende. Denn abgerissen hat man die Kathedrale von Lille dann eben doch nicht. Die Stadt war erst spät Bischofssitz geworden, zwei Weltkriege verzögerten die Bauarbeiten, und in den 1960er Jahren war es schließlich undenkbar, das Gebäude, dessen Hauptfassade noch fehlte, im historistischen, als Kitsch angesehenen Stil zu vollenden. Was tun mit einem Torso, der zwar noch nicht fertig, aber bereits hoffnungslos altmodisch war? Abreißen, wie viele vorschlugen? Es stellte sich heraus, dass die Kosten dafür höher ausgefallen wären als für eine Fertigstellung. Man blieb also beim Provisorium. Als in den 80er Jahren die Altstadt Lilles saniert wurde, machte einer der daran beteiligten Architekten, Pierre-Louis Carlier, einen kühnen Vorschlag: Man könnte doch die Fassade einfach weglassen und stattdessen einen Büroturm von zehn Etagen errichten, der nahtlos an die Kathedrale anschließen würde. Die Diözese, die sich dadurch die Kosten für die Vollendung des ungeliebten Bauwerks gespart hätte, war dafür.

Nicht jedoch die Einwohner von Lille, deren heftiger Protest den Büroturm verhinderte. Erst in den 90er Jahren kam es zu einem neuen Versuch, den Bau endlich fertigzustellen. Diesmal gelang es: Pierre-Louis Carlier und Peter Rice konstruierten eine Metallstruktur, der Bildhauer Georges Jeanclos hängte daran Platten aus 28 Millimeter starkem Marmor auf. »Aufhängen« ist das richtige Wort, handelt es sich doch um eine Art Vorhang aus Stein: Die Fassade lässt das Sonnenlicht hindurchschimmern. Steht man im Inneren, leuchtet, vor allem nachmittags, die von außen angestrahlte Fassade, die roten Adern des Marmors lassen sie je nach Interpretation wie einen brennenden Dornbusch oder Veronikas Schweißtuch aussehen – auf jeden Fall ungleich besser als einen Büroturm.

Adresse Place Gilleson, 59800 Lille | Öffnungszeiten Sept.–Juni 10–18.30 Uhr, Juli, Aug. 12–20 Uhr | Tipp Am Rand der Place Gilleson, rechts hinter der Kathedrale, an Hausnummer 128, befindet sich das kleinste Haus von Lille – geschmückt mit einer Teufelsfratze.

67__Die Urban Square Gallery

Ausgangspunkt für Street-Art-Touren

Lille gilt als *die* französische Arbeiterstadt schlechthin. Spinnereien, Webereien und metallverarbeitende Betriebe siedelten sich im 19. Jahrhundert in der Stadt an und gaben Zehntausenden Arbeit. Mit Gilles Delory hatte Lille als erste französische Großstadt einen sozialistischen Bürgermeister. Doch das Zentrum der Stadt sieht nicht gerade proletarisch aus: Die Handelskammer mit ihrem selbstbewussten Belfried und die alte Börse inmitten eleganter Bürgerhäuser aus dem 17. Jahrhundert zeugen vielmehr von der langen Tradition Lilles als Handelsmetropole. Ihre verkehrsgünstige Lage mitten in Flandern, nahe an Hauptstädten wie Brüssel, London oder Paris, brachte der Stadt Reichtum – und nebenbei den weniger begehrenswerten Titel der meistbelagerten Stadt Frankreichs.

Die eleganteste Straße der Stadt ist unbestreitbar die Rue Esquermoise, in der sich die berühmte Pâtisserie Meert befindet, deren Waffeln sich General de Gaulle während seiner Präsidentschaft täglich in den Élysée-Palast liefern ließ.

Wie ein gallisches Dorf liegt ein Ort schräg gegenüber der Pâtisserie-Kathedrale, der inmitten all der bürgerlichen Pracht einen gekonnten Kontrapunkt setzt: die Urban Square Gallery, in der die wichtigsten Street-Art-Künstler der Stadt ihre Werke zum Verkauf anbieten. Wer Lille schon kennt, wird hier so manches vertraute Bild wiederfinden. Wer neu ankommt, findet in der Galerie einen idealen Ausgangspunkt für Stadtflanerien vor. Hier kann man sich bequem an einem Ort mit der Street-Art-Szene der Stadt vertraut machen und lernt Motive kennen, denen man später in zahlreichen Variationen in der ganzen Stadt begegnen wird. Verpassen Sie keinesfalls die Terrasse des Restaurants im Innenhof: Dort ist ein riesiger Kopf des Generals abgebildet, mit dem der Street-Artist Mister P gern in der Höhe des ersten Stocks die Fassaden seiner Stadt schmückt.

Adresse die Galerie befindet sich im ersten Stock des Basilic Café: 24 Rue Esquermoise, 59800 Lille | Öffnungszeiten Mo–So 12–23 Uhr | Tipp Besuchen Sie auch das Geburtshaus des Generals in der Rue Princesse Nummer 9. Auf dem Weg dorthin können Sie zwischen der Rue Négrier und der Rue Voltaire die enge »Passage des 3 Anguilles« nehmen – dort werden Sie einige der Bilder aus der Galerie wiederentdecken.

68 Die Museums-Péniche

Wasserstraßen mit Zukunft

Keine falsche Nostalgie bitte: Was wie eine Reise in die Vergangenheit aussieht, könnte ein Blick in die Zukunft sein. Denn auch wenn heute nur noch 600 statt wie früher einmal 40.000 Binnenschiffer auf Frankreichs Wasserstraßen unterwegs sind, ist das Wellental doch überwunden: Ihr Anteil am Transportvolumen hat sich in den letzten fünf Jahren beinahe verdoppelt, von mageren fünf auf immerhin knappe zehn Prozent. An sich kein Wunder, schließlich haben auf so einem Frachtschiff etwa zwölf Lkw-Ladungen Platz, und das bei nur einem Motor. »Umweltfreundlich sind die alten Motoren aber nicht«, erklärt Rémy Delmet, der junge Direktor der »Cité des Bateliers« in Longueil. »Wir brauchen einen Technologie-Schub.« Dass dieser bald kommen wird, steht für ihn fest, und zwar nicht nur aus ökologischen, sondern auch aus wirtschaftlichen Gründen. Bereits jetzt stellen Handelsketten ganze Bootsbesatzungen an. Langsam wird das Bild der Zukunft der Binnenschifffahrt sichtbar: Angestellte Teams, die im Schichtbetrieb arbeiten, ersetzen die Familienunternehmen von einst, als Herr und Frau Kapitän ihre Kinder in den ersten Jahren mit an Bord hatten, während sich die Großeltern auf dem Festland um den schulpflichtigen Nachwuchs kümmerten. Ganze Dörfer lebten so, doch damit dürfte es in absehbarer Zeit endgültig vorbei sein.

Also ist doch ein wenig Nostalgie angebracht, besteigt man die Péniche, die vor dem kleinen Museum vor Anker liegt. Auch sie war einmal die Zukunft der Binnenschifffahrt, gehörte sie doch zu den ersten motorgetriebenen Metallkähnen. In der Kabine steht die Suppenterrine auf dem Tisch, ein – vorgetäuschter – Marmorkamin sorgt für gutbürgerliche Behaglichkeit in der schwimmenden guten Stube. Im Frachtraum zeigen Fotos Szenen aus dem Leben des besonderen fahrenden Volkes. Man sollte den Aufenthalt im Schiffsbauch genießen: Die Zukunft gehört den Containern.

Adresse 59 Avenue de la Cannonière, 60150 Longueil-Annel | Anfahrt von Compiègne über die N 32 | Tipp Wer das Leben auf dem Schiff noch gründlicher kennenlernen möchte, kann dies im nahen Thourotte auf der Péniche »Elixir« tun: Stephen und Aaron haben den Schiffsbauch ihres Lastkahns zur Ferienwohnung umgestaltet – zu buchen über airbnb.com.

69_Der Bois Delville

Der letzte Baum vom Teufelswald

Es ist so eine Sache mit den Mahnmälern. Sicherlich hat alles seine Richtigkeit, was auf den Inschriften steht, und es wäre auch kleinlich, darauf hinzuweisen, dass der eine oder andere Soldat womöglich gar nicht so viel von Opfermut und Heldentum hielt, wie man angesichts des martialischen Pathos dieser Stätten vermuten könnte. Würdig an die Toten zu erinnern, die Durchreisenden kurz zum Innehalten zu bringen und denjenigen, die bewusst gekommen sind, Raum zum Gedenken zu geben – wichtige, aber keine leichten Aufgaben.

Wirklich berührt ist man von all den Monumenten jedenfalls eher selten. So ist es auch beim südafrikanischen Weltkriegs-Memorial des Delville-Waldes, von den Soldaten in »Devil-Wood« umgetauft. 3.200 südafrikanische Soldaten erhielten dort am 15. Juli 1916 den Befehl, den Wald trotz deutschem Artilleriebeschuss um jeden Preis zu halten. Fünf Tage später waren über 1.000 von ihnen tot, 1.700 verwundet. Ihnen und den anderen knapp 12.000 im Weltkrieg getöteten Südafrikanern ist das Mahnmal gewidmet. Was damals geschah, davon bekommt man aber erst eine Ahnung, wenn man den makellosen Rasen, die schnurgerade angepflanzten Alleen und den von einem Bronzewagen gekrönten marmornen Tempel hinter sich hat. Ein verwitterter alter Baum steht dort, umgeben von einem Zaun, behängt mit allerlei Gedenkmedaillen: Er ist der einzige Baum, der vom Wald noch übrig war, als ihn die überlebenden Südafrikaner räumen durften. Heute stehen die Bäume wieder prächtig da, ein leuchtend blauer Bewuchs schmückt im Frühjahr den Untergrund. Doch Vorsicht beim Spazierengehen: Es gibt keinen einzigen ebenen Fleck im einstigen Teufelswald, Trichter reiht sich hier an Trichter. Die Überreste Hunderter Soldaten konnten nie aus dem umgepflügten Untergrund geborgen werden, der neue Delville-Wald ist ihr Friedhof. Das wahre Mahnmal liegt hinter dem offiziellen.

Adresse Route de Ginchy, 80360 Longueval | Anfahrt von der D 929 zwischen Albert und Bapaume nach Longueval abbiegen, dort den Wegweisern folgen | Tipp Auch im Département Aisne gibt es einen letzten Baum: In der Nähe des Dorfes Lucy-le-Bocage steht ein alter Birnbaum mit hohlem Stamm, der die mörderische Schlacht des Bois de Belleau überstanden hat und im Zweiten Weltkrieg als deutscher Beobachtungsposten diente.

70__Die Terrils

Gipfeltouren im platten Land

Wie schwarze Vulkane ragen sie aus dem flachen Land um die Städte Valenciennes, Douai, Lens und Béthune: die »Terrils« genannten Abraumhalden des nordfranzösischen Kohlereviers. 1734 wurde das erste Vorkommen bei Valenciennes entdeckt, im Dezember 1990 der letzte Schacht geschlossen. Die meisten Förderanlagen wurden demontiert, ehe man sich im 21. Jahrhundert auf die Tradition zurückbesann, die 260 Jahre lang Identität und Lebensgefühl der Menschen im Norden geformt hatte. 109 Orte im Kohlerevier sind heute UNESCO-Weltkulturerbe.

Ungerührt vom Hin und Her stehen 340 Terrils im stillgelegten Revier, ihr höchster Gipfel überragt mit 188 Metern selbst die höchsten »Berge« Flanderns. Es sind majestätische Zeugen der Vergangenheit, deren angehäuftes Material aus bis zu 1.000 Metern Tiefe kommt und von Abertausenden Menschen in mühsamer Arbeit aus dem Untergrund geholt wurde. Manche kann man auch besteigen, doch Vorsicht: Wer angesichts von Berggipfeln den gewissen Drang verspürt, dort und dort und dort auch noch hinaufzumüssen, der wird in der Kohleebene gehörig ins Schwitzen kommen. Der höchste muss natürlich zuerst sein: Auf eine der beiden imposanten Kuppen von Loos-en-Gohelle führt ein leicht zu bewältigender Weg, ein einmaliger Rundblick über das weite Land und die vielen weiteren Terrils winkt als Belohnung. Einer davon, bei Nœux-les-Mines, wurde zu Europas größtem künstlichen Skigebiet, gleich gegenüber ist ein namenloser, etwas kleinerer Hügel, der einen schönen Blick auf die Piste bietet. Markierte Wege führen auf und um zwei mächtige Terrils bei Haillicourt, »Terrils du pays à part« genannt. Auf dem Weg kommt man an einem nicht zugänglichen Kohle-Berg vorbei, an dessen Hängen der nördlichste Weißwein Frankreichs angebaut wird – er soll demnächst unter dem Namen »Charbonnay« in den Handel kommen.

Adresse Loos: Parkplatz beim Restaurant Au Briquet du Chevalet, 144 Rue Léon Blum, 62750 Loos-en-Gohelle; Haillicourt: Rue de la Lampisterie, 62940 Haillicourt | **Anfahrt** Loos grenzt nördlich an Lens, getrennt durch die A 21. Haillicourt liegt ein paar Kilometer weiter westlich, gut erreichbar über die D 301. | **Tipp** Kulturprogramm gibt es rund um die alten Halden auch mehr als genug: Die Zweigstelle des Louvre in Lens ist ein Muss im Norden.

71 Der Steinbruch

Zu Gast bei Monsieur und Madame Troglodyt

Komisch, dass das Wort »Schweiz« keinen Plural hat. Felsig-malerische Gegenden, egal, ob in Polen, Luxemburg oder Marokko, werden der Einfachheit halber schließlich gern nach dem Alpenland benannt. So auch in Nordfrankreich: Ein Stück hinter dem Dörfchen Machemont beginnt die »pikardische Schweiz«. Umrundet man die aufgelassenen Steinbrüche von Montigny zu Fuß, stellt man allerdings rasch fest, dass der Begriff in die Irre leitet: In Wirklichkeit müsste das Gebiet nämlich »pikardisches Guatemala« heißen.

Inmitten von Urwaldriesen stößt man auf kaum mehr erkennbare Reste menschlicher Behausungen, zwischen Luftwurzeln und herabhängenden Blättervorhängen werden in den Fels gehauene Stufen sichtbar. Wie von kubistischen Architekten entworfene Raumfluchten, in die nur da und dort durch schmale Ritzen Licht hereinschimmert, kontrastieren mit der üppig wuchernden Vegetation. Gut, statt der Affen klettern Eichhörnchen durch die malerische Szenerie, statt eines Quetzals sieht man mit etwas Glück einen Eichelhäher. Aber sonst darf man sich schon wie ein Entdecker im Dschungel fühlen.

Seit dem 18. Jahrhundert wurden hier auf einem Gebiet von acht Hektar Stollen in den Fels des nunmehr unterkellerten Urwalds getrieben, um ockerfarbenen Sandstein abzubauen. Bis zu 200 Arbeiter lebten mit ihren Familien vor Ort in höhlenartigen Behausungen, »Troglodyten« nennt man die Höhlenbewohner in Frankreich. Die Spuren der menschlichen Besiedlung können bei einer Führung vor Ort besichtigt werden, wie auch Fossilienfunde und die ebenfalls zahlreichen Erinnerungen an den Ersten Weltkrieg, als der aufgelassene Steinbruch der französischen Armee als provisorische Kaserne samt Feldspital diente. Und was hinterlassen Soldaten als Erinnerung an einer Felswand, wenn die Zeit lang und der Stein weich ist? Eine Galerie nackter Frauengestalten, richtig.

Adresse Voie communale Hameau de Montigny, 60150 Machemont | **Anfahrt** von Compiègne über die N 32 nach Machemont, dort den Schildern »Carrières de Montigny« folgen | **Öffnungszeiten** nur mit Führung Sa, So 14 Uhr, im Juli und Aug. auch Do, Fr | **Tipp** Für eine abwechslungsreiche 14-Kilometer-Rundwanderung durch die pikardische Schweiz (diesmal wirklich!), den gut markierten »Circuit de la Fontaine Saillard«, ist das nahe Mareuil-la-Motte ein guter Ausgangspunkt.

72 Die Halle von Marigny

Frankreichs älteste Markthalle

»Was ist der Geschmack Frankreichs?«, wurde Drei-Sterne-Koch Guy Savoy im französischen Radio gefragt. Die Antwort hat zunächst gar nichts mit dem Geschmackssinn zu tun: »Dieses Zusammenspiel der Landschaften, zwischen dem, was man sieht, und dem, was man dann auf den Märkten in die Hand nehmen kann. Diese Poesie«, begann der Küchenchef zu schwärmen. Um auf den Geschmack Frankreichs zu kommen, so Savoy, müsse man zunächst durchs Land wandern, die Schönheit der so unterschiedlichen Landstriche mit allen Sinnen aufnehmen und dann auf den nächsten Wochenmarkt gehen. Geschmackssinn, Sehsinn und Tastsinn sind untrennbar verbunden, gemeinsam machen sie die Poesie der französischen Küche aus.

Es gibt kaum etwas Schöneres, als diese Theorie so oft wie möglich dem Praxistest zu unterziehen. Französische Märkte sind Volksfeste, die meist wöchentlich gefeiert werden. In den Städten Frankreichs gibt es daher nicht nur Kirchen und Schlösser zu besichtigen – auch die Markthallen zählen selbstverständlich zu Frankreichs Kulturerbe.

In Marigny-en-Orxois, einem Dorf an der Grenze zwischen Picardie und Île-de-France, steht so gesehen eines der bedeutendsten Monumente Frankreichs: eine Markthalle, die als eine der ältesten des Landes gilt. Ihr genaues Baujahr ist nicht bekannt, sie dürfte zu Beginn des 17. Jahrhunderts errichtet worden sein, als ein mittelalterlicher Vorgängerbau ersetzt werden musste. Die schlichte Halle aus rohen Holzbalken mit einem Saal im ersten Stock, in dem bis ins 19. Jahrhundert das Rathaus des Dorfes untergebracht war, ist jedenfalls ein Unikat und heute noch Schauplatz eines der schönsten Märkte weit und breit, der jeweils am letzten Sonntag des Monats stattfindet. »Kochen ist die Kunst, mit Geschichte aufgeladene Produkte unmittelbar in Lebensfreude zu verwandeln«, meint Guy Savoy. In Marigny-en-Orxois lässt sich das in die Tat umsetzen.

Adresse Halle de Marigny, 02810 Marigny-en-Orxois | **Anfahrt** über die A 4, Ausfahrt 19 | **Tipp** Sehr schöne Markthallen gibt es auch in Fère-en-Tardenois (Markt am Mittwoch) und in Condé-en-Brie (Markt am Donnerstag).

73 Die Heilquelle

Kostet und seht!

100 Jahre nach dem Ersten Weltkrieg ist das Grundwasser an manchen Orten östlich von Arras noch so stark von nach wie vor im Boden schlummernden Kriegsrelikten kontaminiert, dass es ein Gesundheitsrisiko darstellt.

Nicht so im Westen von Arras, der vom Grabenkrieg verschont geblieben ist. In der Nähe von Marœuil sprudelt dort die von einer Kapelle aus Backsteinen umgebene Quelle der heiligen Bertille. Die im 7. Jahrhundert verstorbene Heilige war Tochter adeliger Atrebaten, wie der germanisch-keltische, unter Cäsar von den Römern unterworfene lokale Gallierstamm hieß. In einem besonders heißen Sommer trocknete damals das Flüsschen Scarpe aus. Bertille betete mit den Bauern, klopfte mit einem Stab auf den Boden – und schon sprudelte herrlich kühles Wasser aus dem Riss, der sich im Boden auftat. »Eau potable«, steht neben der Kapelle, also Trinkwasser – doch in erster Linie kommen die Menschen nicht hierher, um ihren Durst zu löschen: Die Quelle soll vor allem bei der Linderung von Augenleiden aller Art helfen. Ob äußerlich oder innerlich angewandt – eine leere Flasche dabeizuhaben lohnt sich, wenn man zu einem Spaziergang entlang der nahen Scarpe aufbricht, der gleich beim Parkplatz hinter der Quelle beginnt.

Ein Rundweg im Moor, das sich am Zusammenfluss von Scarpe, Gy und Ru ausbreitet, bietet sich besonders an heißen Sommertagen für eine erfrischende Wanderung von einer guten Stunde Wegzeit an – die Scarpe ist übrigens seit Menschengedenken nicht mehr ausgetrocknet. Schautafeln erklären (auf Französisch) Flora und Fauna, als Wegweiser dient das Maskottchen des Moores: die Bauchige Windelschnecke, eine vom Aussterben bedrohte Schneckenart, die hier heimisch ist. Sie zu beobachten ist nicht einfach: Die Tiere sind zwar vor allem nachtaktiv und verbringen die Tage schlafend an Pflanzenhalmen festgeklebt – sie sind aber nur etwa drei Millimeter groß.

Adresse Rue de la Source, 62161 Marœuil | **Anfahrt** Marœuil liegt etwa sieben Kilometer nordwestlich von Arras und ist über die D 341 erreichbar. Beim Rathaus die erste Abzweigung links und dann die erste nach rechts nehmen. | **Tipp** Wer länger im Grünen unterwegs sein möchte, findet zwei schön angelegte Spazierwege im nahen Wald von Marœuil. Die Bäume des Waldstückes sind hoch, aber nicht dick: Im Ersten Weltkrieg wurde der heute 72 Hektar große Wald zum Großteil von den Alliierten als Baumaterial für die Stellungen abgeholzt.

74 Le Parcours des Rescapés

Erinnerungen an Europas schlimmstes Grubenunglück

Zehn Meter hoch flogen am 10. März 1906 um 6.34 Uhr Teile zerfetzter Pferdekadaver aus den Eingängen der Schächte zwischen Lens und Courrières. Bedenkt man, dass die Explosion in über 300 Metern Tiefe stattgefunden hatte, bekommt man eine Ahnung ihrer Wucht. 110 Kilometer unterirdische Stollen wurden zerstört, 1.066 Bergleute starben.

Trauer und Schock Hunderter Familien verwandelten sich in Wut, als die Suche nach Überlebenden nur drei Tage nach der Kohlenstaubexplosion eingestellt wurde. Jean Jaurès fragte in der Zeitung »Humanité«: »Sollte es stimmen, dass die Leiter der Rettungsaktion, indem sie daran glaubten, dass es keine menschlichen Existenzen mehr zu retten gebe, den tödlichen Fehler begingen, sich größere Sorgen um die Mine als um die Menschen zu machen?« Dann geschah das Wunder: 20 Tage nach dem Unglück fand man 13 Überlebende, vier Tage danach einen 14. Die Männer waren seit der Katastrophe in stockdunkler Nacht auf der Suche nach einem Ausweg durch die Stollen geirrt, hatten schmutziges Wasser getrunken und sich vom rohen Fleisch toter Pferde ernährt. Zur Wiedersehensfreude kam neuer Zorn der Bergleute und ihrer Angehörigen: Wären noch mehr Menschenleben zu retten gewesen, wenn man nicht so früh mit der Suche aufgehört hätte? Es kam zu Protesten und Streiks. Die Arbeiter erzwangen die zuvor noch undenkbare Einführung von mindestens einem Ruhetag pro Woche.

Ein einsamer Weg am Stadtrand von Méricourt, genau oberhalb des Weges, den die Überlebenden von 1906 tief unter der Erde zurücklegten, zeichnet auf metallenen Stelen die Etappen von der Katastrophe bis zur Rettung der Überlebenden nach. Auf Schautafeln werden die Ereignisse über und unter der Erde zusammengeführt – wenn auch nur auf Französisch. Beim Eingang zum Parcours befindet sich ein Massengrab: Die nicht identifizierbaren Opfer der Explosion wurden dort gemeinsam beigesetzt.

Adresse 99 Rue V. Sorriaux, 62680 Méricourt | **Anfahrt** im Kreisverkehr beim Terril die Avenue du 10 Mars nehmen, danach links halten (Rue Pierre Simon), nach dem Bahnübergang die erste rechts, der Parkplatz ist markiert | **Tipp** Stelen ganz anderer Art ragen im nahen Sailly-en-Ostrevent aus dem Boden: Wie ein Miniaturstonehenge sind fünf »Bonnettes« genannte Steinblöcke kreisförmig auf einem Hügel angeordnet. Sie geben Anlass zu zahlreichen Legenden und stellen für die Forschung ein Rätsel dar.

75_Das Birkenwasser

Trinkt mehr Bäume!

Birken sind überdimensioniertes Unkraut. Das finden zumindest viele der adeligen Forstwirte, die die weitläufigen Eichen- und Buchenwälder der Picardie bewirtschaften: Birken wachsen zwar schnell, sind aber wegen ihres weichen Holzes zu nichts zu gebrauchen. Also am besten weg damit, dachte sich eines Tages Gilles de Poncins, Forstwirt aus Belloy-Saint-Léonard. Nachhaltigkeit ist dem passionierten Fahrrad-Reisenden ein großes Anliegen: Dass für gewöhnlich nur etwa die Hälfte eines Baumes für die Bau- und Möbelindustrie genützt, der Rest aber entsorgt wird, störte ihn seit Langem. Seit 2013 stellt er im nahen Dörfchen Méricourt-en-Vimeu aus zerkleinerten Eichen- und Buchenresten verdichtetes Brennholz her, das den vierfachen Brennwert von normalen Holzscheiten hat. Ein so erfolgreiches wie sinnvolles Projekt – wenn nur diese nervigen Birken nicht wären, die sich vor allem seit den schweren Unwetterschäden der späten 90er Jahre überall breitmachten …

Mit der Idee, Tausende Bäume einfach auszureißen, konnte sich Gilles' Tochter Galiane nicht anfreunden. Die junge Anwältin hörte sich um, was man sonst noch damit anstellen könnte. Ältere Einheimische erzählten ihr vom Birkenwasser, das man einst als Heilmittel eingesetzt habe. Galiane wurde hellhörig. Birkenwasser, fand sie heraus, zählt zu den gesündesten Lebensmitteln: Die 200 Liter Wasser, die in einem Baum zirkulieren, sind äußerst reich an Vitaminen, Mineralien, Antioxidantien und unterschiedlichen Aminosäuren. Galiane hatte Neuigkeiten für ihren Vater: Sie würden die Birken nicht ausreißen, sondern anzapfen. Drei Jahre tüftelten sie an der Herstellung ihres Birkenwassers, das seit 2015 erhältlich ist – derzeit als Detox-Kur, demnächst auch als Erfrischungsgetränk. Seit 2018 erzählt ein QR-Code auf der Flasche die Geschichte des Baumes, von dem das Wasser kommt. Auf jeden Fall eine schöne Geschichte.

Adresse Die Abfüllanlage befindet sich in der Rue de Molliens in 80640 Méricourt-en-Vimeu. Man kann die Detox-Kuren in den meisten Bioläden in der Picardie kaufen sowie unter eaubouleau.com. | **Tipp** Eine der sehenswertesten mittelalterlichen Burgen Frankreichs ist die keine 15 Kilometer entfernte, weitgehend original erhaltene Burg von Rambures.

76 Die Strandsegler

Fliegen ist schöner, Strandsegeln lustiger

Mit dem Meer ist es an den Stränden der Côte d'Opale so eine Sache: Es ist ja ein großartiger Anblick, zum Baden aber bis auf wenige Wochen im Jahr einfach zu kalt. Und die Hälfte der Zeit, bei Ebbe nämlich, ist es auch ganz schön weit weg. Wie endlose, glatt gebügelte Sportplätze liegen die Strände dann da. Und weil ohnehin immer eine leichte Brise weht, ist den Menschen hier oben auch bald der passende Sport für diese Strände eingefallen: Strandsegeln, und zwar mit einem lang gezogenen, niedrigen Dreirad, das mit den Füßen gesteuert und von einem Segel angetrieben wird. Der ungewöhnlich aussehende, äußerst vergnügliche Sport ist von den Küsten Nordfrankreichs nicht mehr wegzudenken. Erfunden wurde er aber ganz woanders: Im alten Ägypten nämlich, wo man schon vor Jahrtausenden Lasten mit windgetriebenen Wägen transportierte. Die alten Chinesen machten das genauso. Im 17. Jahrhundert »erfanden« die Holländer die bewährte Transportmethode aufs Neue. Als modernes Sportgerät haben die Belgier den Strandsegler im 19. Jahrhundert annähernd in die heutige Form gebracht. 1905 übernahmen die Franzosen die Entwicklung: Der schnauzbärtige Flugpionier Louis Blériot gilt vielen als Erfinder der Sportart, er schaffte mit seinem Modell immerhin Geschwindigkeiten von über 100 Stundenkilometern. Auf Asphalt liegt der Rekord heute bei über 200 Kilometern pro Stunde, auf Sand bei 151 Stundenkilometern – erzielt in Berck an der Côte d'Opale.

Viel gemächlicher geht es bei einem Initiations-Kurs zu, den so gut wie alle Badeorte hier anbieten. Alles, was man als Anfänger dafür braucht, sind Turnschuhe, die nass werden dürfen, und eine Sonnenbrille. Unter Anleitung setzt man das Segel, übt ein gutes Stündchen lang die zwei Arten der Wende – und los geht's, vorbei an den bizarren Resten des Atlantikwalls, an Miesmuschelbänken, immer am Wasser entlang, das so freundlich Platz gemacht hat.

Adresse Club Nautique, Boulevard de la Manche, 62155 Merlimont, Tel. +33/321090822 – unbedingt rechtzeitig anrufen, die Kurse hängen von den Gezeiten ab und sind zur Hochsaison schnell ausgebucht | Anfahrt Der Club Nautique befindet sich direkt am Strand, südlich von Merlimont. | Öffnungszeiten 10–12 und 14–16 Uhr | Tipp Der ständige Wind hat die findigen Touristiker des nahen Berck auf eine Idee gebracht: Jährlich im April veranstaltet der Badeort eines der weltgrößten Drachen-Festivals – ein einzigartiger Augenschmaus.

77__Das Pipasso

Neue alte Folklore aus der Picardie

Wer liebt sie nicht, die typisch französischen Musette-Walzer mit ihren melancholischen und gleichzeitig schwungvollen Akkordeonmelodien, zu denen es sich so herrlich tanzen und träumen lässt? Sie entstanden im Pariser Bastille-Viertel, in dem Zuwanderer aus der Auvergne Wein und Kohlen verkauften. An Wochenenden spielten sie zum Tanz auf. Diese Feste nannten die Pariser nach dem wichtigsten Instrument »Bal musette«. So hieß der traditionelle Dudelsack der Auvergne, erst im 20. Jahrhundert wurde er vom Akkordeon verdrängt.

Frankreich ist ein Land des Dudelsacks. 13 verschiedene Varianten gibt es in den unterschiedlichen Regionen. Was die in Abbeville aufgewachsene Musikerin Ghislaine Desmaris, die irischen Dudelsack spielte, jedoch erst vor einigen Jahren herausfand: Auch die Picardie hat ihr eigenes Modell, Pipasso genannt. Oder vielmehr: Sie hatte es. Der letzte bekannte Pipassospieler war 1936 gestorben und hatte die Tradition mit ins Grab genommen. Ghislaine wollte mehr über das vergessene Instrument ihrer Heimat wissen. Sie durchstöberte die Reste der in den Kriegen weitgehend zerstörten Archive, entlockte der Tochter des verstorbenen Pipasso-Meisters alte Melodien und entdeckte schließlich im Brüsseler Museum für Musikinstrumente ein erhaltenes Originalinstrument. Gemeinsam mit dem Instrumentenbauer Remy Dubois gelang es ihr schließlich, den pikardischen Dudelsack zu rekonstruieren. 2006 hielt sie ihr erstes eigenes Pipasso in Händen. Ein unbeschreiblicher Moment, doch Ghislaine war noch lange nicht am Ziel. Zur erfolgreichen Wiederbelebung braucht es auch Melodien, Bühnen, Feste – und vor allem: Schüler. 20 Nachwuchs-Pipasso-Spieler hat sie seit 2006 an der Musikschule in Mers-les-Bains unterrichtet, regelmäßig tritt sie mit ihrer Band Amuseon auf, drei CDs gibt es bereits zu kaufen – die Tradition lebt.

Adresse www.amuseon.fr, hier finden Sie alle Informationen zu Konzerten, Bällen, Kursen sowie eine kurze Pipasso-Hörprobe | **Tipp** Mers-les-Bains liegt direkt an der Grenze zur Normandie, das benachbarte Le Tréport bereits dahinter. Von den Kreidefelsen des Nachbarortes schweift der Blick weit – und man kann mit einem spektakulären Schrägaufzug hinauffahren.

78 Das Perlmuttmuseum

Exquisite Broschen und edle Dominosteine

Jean-Baptiste Colbert hatte stets den richtigen Riecher. So gelang dem kleinen Provinzadeligen der Aufstieg zum Vermögensverwalter des allmächtigen Kardinals Mazarin. Nach dessen Tod wurde er selbst Finanzminister und wichtigster Mann der Regierung. Die französische Wirtschaft brachte er durch die Ausbeutung der Kolonien, Ankurbelung der Exportwirtschaft, Zollpolitik und Gründung zahlreicher royaler Manufakturen im Inland auf Vordermann. Die französische Ausprägung des Merkantilismus wurde folgerichtig nach dem Finanzminister des Sonnenkönigs Colbertismus genannt.

Gut möglich, dass auch die Ansiedlung der royalen Perlmuttmanufaktur in der Ortschaft Méru, ein gutes Stück von Paris in Richtung Beauvais, mit Colberts Riechorgan zu tun hatte. Der Geruch, der von den Rinderknochen und Muschelschalen ausging, die hier einst zu Abermillionen zersägt, gebohrt und geschliffen wurden, ist nämlich unbeschreiblich. Méru war die Welthauptstadt des Perlmutts, nach der ersten royalen Manufaktur siedelten sich zahlreiche weitere Betriebe an, die Schmuckstücke, Knöpfe, Spiele und Alltagsgegenstände aus Knochen und Muscheln herstellten. Die Wege in den Gärten und Parks von Méru wurden seit jeher nicht mit Schotter, sondern mit Muschelbruchstücken gestreut. Wie es in der Gegend gerochen hat, ist nicht überliefert, doch schuf der Sektor in der Region 15.000 Arbeitsplätze (Stand 1910).

Heute sind es noch 15: In einer Fabrik aus dem 19. Jahrhundert ist seit der Jahrtausendwende ein Perlmuttmuseum untergebracht, das alles andere als museal ist. Nach wie vor werden darin die langgedienten Maschinen in Gang gesetzt, wenn alte Stücke restauriert oder neue produziert werden. Abnehmer gibt es genug: Wer einmal einen Dominostein aus Rinderknochen in der Hand gehalten hat, der in 28 Arbeitsschritten in der ehrwürdigen Fabrik hergestellt wurde, will mit keinem anderen mehr spielen.

Adresse 51 Rue Roger Salengro, 60110 Méru | **Anfahrt** über die A 16 Paris–Beauvais | **Öffnungszeiten** Mi–Mo 14.30–18.30 Uhr, Führungen um 15, 16 und 17 Uhr | **Tipp** Noch mehr altes Handwerk bietet die nahe Bürstenmanufaktur von Saint-Félix, geöffnet immer am ersten und dritten Sonntag im Monat.

79 Die Zwillingsmenhire

Gerechtigkeit für Brünhild!

Sie war eine der faszinierendsten Frauengestalten des frühen Mittelalters: die westgotische Prinzessin Brunichild, die 566 den ostfränkischen König Sigibert I. heiratete. Nach dessen Ermordung übernahm sie die Regentschaft für ihren Sohn. Sie legte sich mit dem Adel und den Westfranken an, wurde mehrfach vertrieben und kam stets wieder zurück an die Macht, wobei sich die gebildete und intelligente Frau auf die romanische Oberschicht des jungen Frankenreiches stützte. Ihr Ziel war es, gegen den notorisch zerstrittenen Adel ein starkes Königtum zu etablieren. Brunichild regierte auch für ihre Enkel und Urenkel: Fränkische Könige hatten eine kurze Lebenserwartung, hinterhältige Attentate waren an der Tagesordnung. Brunichild jedoch starb auf offener Bühne: Die von ihr zurückgestutzten Adeligen lieferten sie den westfränkischen Erbfeinden aus. Ein wildes Pferd, an dessen Schweif sie mit den Haaren festgebunden wurde, schleifte die Königin zu Tode – im Kampf gegen starke Frauen und die Zentralgewalt war bereits den alten Germanen jedes Mittel recht.

Zahllose schwarze Legenden rankten sich fortan um Brunichild, die womöglich eine der Vorlagen für die Brünhild des Nibelungenlieds wurde. Unbestritten ist die Bautätigkeit unter ihrer Herrschaft, sie ließ Römerstraßen instand setzen und neue Verkehrswege anlegen. Mit den beiden je acht Tonnen schweren Megalithen unweit einer »ihrer« Straßen hat sie jedoch nichts zu tun: Die stehen hier schon seit etwa drei Jahrtausenden. Die Legende erzählt trotzdem von einem Pakt der bösen Königin mit dem Teufel, der zum üblichen Preis den Abschluss der Bauarbeiten vor Morgengrauen versprach. Da der Hahn in jener Nacht früher als sonst krähte, dachte der noch arbeitende Teufel, der Tag sei angebrochen, und schleuderte die beiden letzten Steine wütend von sich. Eine bessere Erklärung, wie sie hierherkamen, gibt es einstweilen nicht.

Adresse 62144 Mont-Saint-Éloi | **Anfahrt** Die Menhire liegen an der C 16 nördlich des Weilers Ecoivres: von der Kirche aus in die Rue Jean Baptiste Oboeuf, bei der Gabelung rechts halten, die Route de Douai überqueren, dann ist man auf der C 16. Die Steine befinden sich bei einem kleinen Parkplatz am linken Straßenrand. | **Tipp** Die mächtigen Türme der Abteikirche des nahen Mont-Saint-Éloi tragen zwar Spuren des Ersten Weltkriegs, zerstört wurde die Kirche jedoch schon nach der Revolution. Irgendwie ist man erleichtert.

80 La Butte des Zouaves

Die verschüttete Erinnerung

100 Jahre nach dem Beginn des Ersten Weltkriegs brach in der Nähe eines ehemaligen Bauernhofes namens Quennevières neuerlich ein erbitterter Kampf aus. Im weiten Land nordöstlich von Compiègne wollten die Betreiber einer privaten Mülldeponie expandieren. Dummerweise befand sich in der Nähe der Deponie ein vom Denkmalschutz erfasstes Objekt, und rund um solche Objekte gilt in Frankreich eine Schutzzone von 500 Metern Durchmesser. Es war ein recht unscheinbarer Erdhaufen, der der Erweiterung im Weg stand, nur wenigen Spezialisten als »Butte des Zouaves« bekannt. Der Überlieferung zufolge soll im Sommer 1915 eine Kompanie der »Zuaven« genannten französischen Soldaten, die in Afrika dienten und an ihrer traditionellen tunesischen Kopfbedeckung erkennbar waren, an dieser Stelle durch eine Explosion lebendig begraben worden sein. Tatsächlich hatte die Einheit im Juni 1915 an der hier verlaufenden Front furchtbare Verluste erlitten.

Die Recherchen, die der Deponiebetreiber durchführen ließ, weckten jedoch Zweifel an der Überlieferung: In den Archiven fand sich kein Hinweis auf den Vorfall. Die Müllentsorger beantragten die Aufhebung des Denkmalschutzes. Sie hatten nicht mit dem Sturm der Entrüstung gerechnet, der nun losbrach: Einen Ort von solcher Symbolkraft zur Mülldeponie zu machen war sowohl für die Einwohner der umliegenden Dörfer als auch die Nachkommen zahlreicher Zuaven – die Einheit existiert seit 1962 nicht mehr – ein unerhörtes Sakrileg.

Weitere Recherchen ergaben schließlich, dass sich sehr wohl tote Soldaten unter dem Erdhügel befinden dürften – wenn auch keine Zuaven: Drei Pioniere wurden im Dezember 1915 durch die Explosion einer deutschen Mine verschüttet. Der Hügel ist also wirklich ein Grab und blieb ein Denkmal. So liegt auch die im Jahr 2013 unmittelbar daneben errichtete Gedenkstätte für die Zuaven nicht am Rande einer Mülldeponie.

Adresse 60350 Moulin-sous-Touvent | **Anfahrt** von Compiègne über die D 130 nach Tracy-le-Val, dort den Schildern Richtung Nampcel folgen, die Butte liegt an einer kleinen Straße, die bei einem Handymast zwischen den beiden Orten rechts von der D 145 abzweigt, kurz vor dem Bauernhof »Ferme de la Puisaleine« | **Tipp** Im nahen Tracy-le-Mont startet ein beschilderter Erinnerungsweg von etwa fünf Kilometern Länge entlang der Schauplätze von 1915. Geführte Touren: didier.guenaff@wanadoo.fr.

81 Die unterirdische Stadt

Geschichte von (ganz) unten

Fluchthöhlen sind – leider – nichts Ungewöhnliches. In Mitteleuropa erinnern die Namen der Höhlen und Erdlöcher, in denen sich die Menschen vor marodierenden Söldnern versteckten, oft an spezifische Kriege: »Schwedenhöhlen« etwa oder »Türkenlöcher«.

In der alten Picardie, durch die schon immer unzählige Heere zwischen Nord- und Südeuropa hin- und hermarschierten, hätte eine solche Bezeichnung wenig Sinn gehabt: Zu oft hätten die Höhlen im Lauf der Jahrhunderte den Namen wechseln müssen. Unter Hunderten bekannten Anlagen sticht eine hervor: die unterirdische Stadt von Naours, die spätestens seit dem 9. Jahrhundert besteht, als die Wikinger Nordfrankreich brandschatzten. Es handelt sich um keine improvisierte Höhle, in die man Hals über Kopf flüchtete, sondern um eine nach Plan angelegte veritable unterirdische Stadt mit über 300 Räumen in 33 Metern Tiefe, in der gut 600 Menschen Platz fanden. Vieh konnte gehalten, geschlachtet und verkocht werden, und das ohne Angst davor, Feinde durch den verräterischen Rauch auf sich aufmerksam zu machen: Die Abluft wurde durch den Kamin einer Mühle oberhalb geleitet.

Ein Audioguide führt staunende Besucher heute durch diese unterirdische Stadt, die sowohl von der Gefahr zeugt, in der die Menschen hier jahrhundertelang leben mussten, als auch von ihrer Fähigkeit, damit umzugehen. Die Bewohner der umliegenden Dörfer zogen wohlorganisiert in ihre Notbehausung, deren Eingänge so gestaltet waren, dass sie leicht verteidigt werden konnten. Ausgeklügelte Alarmsysteme verhinderten jede böse Überraschung. Wie Münzfunde belegen, nutzten später auch Schmuggler das Höhlensystem, das im Lauf der Jahrhunderte langsam vergessen und erst im 19. Jahrhundert wiederentdeckt wurde. So abenteuerlich das alles auch wirkt: Ein wenig von dem mulmigen Gefühl, mit dem die Menschen ihre unterirdischen Zweitwohnsitze einst bezogen, liegt heute noch in der Luft.

Adresse Cité Souterraine de Naours, 5 Rue des Carrières, 80260 Naours | **Anfahrt** von Amiens über die N 25, den Wegweisern folgen | **Öffnungszeiten** Juli, Aug. täglich 10–18.30 Uhr, April–Juni, Sept., Okt. Di–So 10–17.30 Uhr (Sa, So und Feiertage 18.30 Uhr), Feb., März, Nov. Di–So 11–16.30 Uhr, Jan., 1. Mai und Dez. geschlossen | **Tipp** Auch im nahen Albert wurden Stollen unterhalb des Stadtzentrums als Versteck im Kriegsfall genützt. Heute ist dort ein sehenswertes Weltkriegs-Museum untergebracht.

82 Der Mont Saint-Frieux

Ein Aussichtsberg mit viel Geschichte

Ein bretonischer Eremit namens Frihoc soll sich im 7. Jahrhundert auf dem aussichtsreichen Gipfel des küstennahen Berges eingerichtet haben, um die Bewohner der Gegend vor den Wikingern zu warnen. Diese ließen sich nicht gern ins Handwerk pfuschen und schnitten dem Störenfried den Kopf ab, weswegen der außerhalb der Region kaum bekannte Heilige stets mit dem Haupt in den Händen dargestellt wird. Wahrscheinlich war der Berg aber schon in vorchristlichen Zeiten eine Kultstätte.

Auch ohne religiöse Gründe lohnt die Gipfeltour von etwa einer Stunde Wegzeit. Auf denjenigen, der sie zu schätzen weiß, warten interessante Begegnungen mit Flora und Fauna: Schottische Hochlandrinder und Ponys halten die Wiesen frei von Bewuchs, doch auch den Minotaurus trifft man hier an – allerdings nicht das griechische Fabelmonster, sondern eine Mistkäfer-Unterart, auch Stierkäfer genannt. Blumenkenner freuen sich über Orchideen wie das langblättrige Waldvöglein. Eher unbeliebt, zumindest bei den Betreuern des Naturparks, sind die aus dem Mittelmeerraum importierten Kiefern, die im 19. und 20. Jahrhundert gepflanzt wurden. Tatsächlich fühlt sich die vom Parkplatz bei Dannes aus markierte Wanderroute anfangs recht mediterran an: Der Weg ist sandig, es duftet nach Piniennadeln. Wo die Bäume zugunsten der eigentlich typischen Heidelandschaft zurückgedrängt werden konnten, aber auch in den bewaldeten Gebieten fällt das eigenartige Relief der Landschaft mit ihren vielen kleinen Hügeln und Kratern auf: Alliierte Luftangriffe auf den deutschen Atlantikwall haben die Gegend nachhaltig umgepflügt. Man kommt auf der Wanderung an einigen deutschen Bunkern mit zubetonierten Eingängen vorbei. Auf dem Gipfel steht heute keine Heiligenkapelle, sondern ein Sendemast. Doch die Aussicht, die ist auch ganz ohne Wikinger noch so schön wie zu Zeiten des heiligen Frihoc.

Adresse 62187 Dannes | **Anfahrt** Der Parkplatz ist wenige Kilometer nördlich von Le Touquet, ganz in der Nähe des Kreisverkehrs, an dem groß der Campingplatz angeschrieben ist (die Düne liegt in der genau entgegengesetzten Richtung). Eine Übersichtstafel beim Parkplatz zeigt mehrere markierte Wege zum Gipfel. | **Tipp** Der nahe Strand von Dannes ist zwar nicht zum Schwimmen gedacht, aber schön zum Spazierengehen – bei Ebbe sieht man dort Hunderte »Bouchots«, an denen Miesmuscheln gezüchtet werden.

83 Das Verbrüderungsdenkmal

Zeitreise in den Dezember 1915

Wer in den letzten Jahren in Paris war, ist dem Gerät vielleicht schon einmal begegnet, an der Place de la Bastille etwa. Es sieht aus wie ein simples Münzfernrohr. Man wundert sich kurz, warum man ein solches Fernrohr an einer belebten Straßenkreuzung aufstellt oder, wie hier, am Ortsrand eines unscheinbaren Dorfes mitten im platten Land. Ein Blick ins Okular, und man versteht: Das hier ist kein Fernrohr, sondern eine Virtual-Reality-Brille. Die »Timescope« genannten Geräte werden derzeit allerorts in Frankreich aufgestellt, um an den Schauplätzen historischer Ereignisse virtuell in die Vergangenheit zu reisen – oder auch in die Zukunft: kein Stadterneuerungsprojekt mehr ohne Timescope-Visualisierung!

Neuville-Saint-Vaast bietet hingegen eine bewegende Reise in die Vergangenheit: Das Dorf unweit von Arras war einer der Orte, an denen es zu Beginn des Krieges zu spontanen Verbrüderungen zwischen deutschen und französischen Soldaten kam. Starker Regen hatte im Dezember 1915 die Laufgräben überschwemmt und zwang die Soldaten der nahe beieinanderliegenden Linien, die schützenden Anlagen zu verlassen. »Franzosen und Deutsche sahen einander an, sahen, dass sie genau die gleichen Menschen waren. Sie lächelten einander zu, man wechselte ein paar Worte. Hände wurde ausgestreckt und gedrückt, man teilte Tabak, Saft und Wein«, erinnert sich der französische Korporal Louis Barthas in seinen viel gelesenen Kriegstagebüchern an die »Verbrüderung zwischen Männern, die die gleiche Abscheu vor dem Krieg empfanden und die man doch dazu zwang, sich gegenseitig umzubringen«. Er äußerte den Wunsch, dass man eines Tages nicht nur an die Schlachten und an die Toten erinnern möge, sondern auch an die Verbrüderung, die von gezieltem französischen Artilleriefeuer beendet wurde. 100 Jahre später war es so weit.

Adresse 63580 Neuville-Saint-Vaast, Chemin de Mareuil | Anfahrt von Arras kommend kurz nach der Ortseinfahrt links abbiegen, das Timescope befindet sich unmittelbar hinter dem französischen Militärfriedhof | Tipp Wenige hundert Meter entfernt, an der Route de Béthune, liegt der mit 44.833 Gräbern größte deutsche Soldatenfriedhof Frankreichs. »Den hier fürs Vaterland gefallenen Kameraden«, ist auf einem Gedenkstein zu lesen.

84 Die Schlacht von Peene

Wie Südflandern französisch wurde

Was wäre gewesen, wenn …? Geschichte im zweiten Konjunktiv der Vergangenheit ist ein müßiger Zeitvertreib, doch fallen Entscheidungen von großer Tragweite oft so knapp aus, dass die Frage einfach auf der Hand liegt. Was wäre zum Beispiel gewesen, wenn Wilhelm von Oranien am 9. April 1677 weniger siegesgewiss nach Nordpeene geritten wäre?

Womöglich unterschätzte er nämlich den ihn dort erwartenden »Monsieur«. So wurde Prinz Philippe de France genannt, der jüngere Bruder Ludwigs XIV. Um Konflikte mit dem künftigen König zu vermeiden, war er als Mädchen erzogen worden. Praktischerweise war er ohnehin homosexuell. Doch Monsieur war ein begabter Stratege und hatte eine wichtige Aufgabe: Ludwig XIV. wollte Südflandern zum Bollwerk für sein Königreich machen. Dunkerque, Arras und Lille waren bereits französisch, Saint-Omer fehlte noch auf der Liste. Der jüngere Bruder sollte es einmal versuchen. Seelenruhig wartete dieser auf die zur Rettung der Stadt herbeieilende niederländische Kavallerie. Deren vermeintlich günstigere, höher gelegene Ausgangsposition beeindruckte Monsieur nicht: Er wusste, dass die Ebene von Bächen durchzogen war, die im Frühjahr viel Wasser führten. Tatsächlich blieben Wilhelms Reiter im schweren Terrain stecken. Sie wurden von den Franzosen in die Zange genommen und vernichtend geschlagen.

»Hätte Wilhelm vor der Schlacht das Gelände studiert, dann spräche ich heute nicht Französisch mit Ihnen«, interpretiert Philippe Ducourant die Ereignisse von damals. Er ist Leiter der »Maison de la Bataille« in Nordpeene, wo man alles Wissenswerte über die Schlacht sowie über die Kultur Französisch-Flanderns erfährt. Eine Stele außerhalb des Dorfes erinnert an das ehemalige Schlachtfeld. Monsieur hatte übrigens wenig von seinem Sieg: Ludwig XIV. war so eifersüchtig auf den Triumph des kleinen Bruders, dass er ihn nie wieder Soldaten kommandieren ließ.

Adresse Maison de la Bataille: 200 Rue de la Mairie, 59670 Nordpeene | **Anfahrt** Das Museum liegt im Zentrum von Nordpeene, von Saint Omer kommend über die D 926 und D 26 zu erreichen. Die Stele liegt an der D 138 in Richtung Zuytpeene am rechten Straßenrand, ziemlich genau an der Gemeindegrenze. | **Öffnungszeiten** Di–Sa 10–12.30 und 14–19 Uhr | **Tipp** Besucht man die Kirchen der Region, etwa in Arnèke, Quaëdypre oder Bollezeele, wähnt man sich angesichts des schweren Barocks in Bayern oder Österreich – ein Erbe aus der Zeit der Gegenreformation, die hier besonders rücksichtslos wütete.

85 Der chinesische Friedhof

Die ersten Immigranten aus China

Wer nicht mit Scheuklappen durch die Landschaft fährt, hat auf dem Weg bis zur Bucht der Somme wohl bereits am einen oder anderen der zahllosen Soldatenfriedhöfe Nordfrankreichs haltgemacht, vertraut klingende oder exotische Namen an den Kreuzen, den jüdischen und den muslimischen Grabsteinen oder Inschriften an Massengräbern entziffert und sich glücklich gepriesen, zum richtigen Zeitpunkt in der richtigen Gegend der Welt geboren zu sein.

Doch dieser kleine Friedhof, etwas außerhalb von Noyelles-sur-Mer, ist anders. Sprüche wie »A noble duty bravely done« auf den Grabsteinen gehören zum wenigen, was man entziffern kann, ansonsten fühlt man sich angesichts der chinesischen Schriftzeichen an den Gräbern und am Eingang wie ein Analphabet. Auch die erklärende Tafel, die den Verlauf der Westfront von 1914 bis 1918 und die wesentlichen Schlachten mit Beteiligung von Truppen des Commonwealth veranschaulicht, hilft nicht weiter. Wer waren die Menschen, die hier begraben liegen, und warum starben sie?

Die Realität war weniger nobel als die Sprüche auf ihren Grabsteinen. Etwa 150.000 Arbeiter rekrutierten die Briten zwischen 1914 und 1918 in China. Sie bekamen Arbeitsverträge, in denen von Einsätzen in Landwirtschaft und Industrie die Rede war, doch die Wirklichkeit sah anders aus. Die Chinesen wurden schlecht behandelt, mussten das Gelände von Minen befreien, Tote und Verwundete bergen, in Massengräbern verscharrte Leichen zur Identifikation exhumieren. 3.000 von ihnen waren in einem Lager in Noyelles untergebracht, Kontakt mit Einheimischen war ihnen verboten. Viele von ihnen starben an Cholera oder der spanischen Grippe. Die politische Lage erlaubt es oft erst der dritten Generation ihrer in China verbliebenen Nachkommen, die Gräber der in der Ferne zugrunde gegangenen Vorfahren zu besuchen. Diese waren die ersten chinesischen Immigranten der französischen Geschichte.

Adresse Chemin rural, 80860 Noyelles-sur-Mer | Anfahrt Der gut ausgeschilderte Friedhof befindet sich außerhalb von Noyelles, die Zufahrtsstraße zweigt von der Rue de Sailly ab. | Tipp Der richtige Ort, um sich mit selbst gemachten Spezialitäten der Somme-Bucht einzudecken, ist die »Ferme des Prés Salés« in Noyelles mit ihrem gut sortierten Hofladen: www.la-ferme-des-pres-sales.fr.

86 Die Dombibliothek

Frankreichs letzte Bibliothek auf Stelzen

Gondulf, Ebrulf, Garulf: So hießen die frühen Bischöfe von Noyon, der 557 gegründeten Diözese im Kernland der Franken. Die Römer machten das Städtchen zum Verkehrsknotenpunkt, etwa 30 Kilometer von der ersten Franken-Hauptstadt Soissons entfernt. Immerhin sechs Heilige und einen Papst hat Noyon hervorgebracht. Karl, der später »der Große« genannt werden sollte, wurde 768 in der Kathedrale von Noyon zum König der Franken gesalbt. Die romanische Kirche von damals steht längst nicht mehr. Dass ihr 1145 begonnener Nachfolgebau, eine der ersten gotischen Kathedralen überhaupt, heute noch erhalten ist, kommt einem Wunder gleich: Die im Ersten Weltkrieg von den Deutschen besetzte Stadt wurde bei ihrer Wiedereinnahme durch die Alliierten weitgehend zerstört. Zahllose Einschusslöcher in den Außenmauern der altehrwürdigen Kathedrale, die ihren Figurenschmuck bereits in den Revolutionswirren verlor, zeugen von der Heftigkeit der Kämpfe. Es ist eine bittere Ironie, dass sich beide Kriegsparteien in ihrer Nationalmythologie auf den hier zum König gesalbten späteren Kaiser beriefen.

Nicht nur die Kirche überstand die rücksichtslosen Kämpfe, sondern auch ein unscheinbarer, auf Stützen errichteter Holzbau an ihrer Außenmauer: 1506 war er als Bibliothek für das Domkapitel unmittelbar neben der Kathedrale errichtet worden. Die Bauweise war damals weit verbreitet: Die meisten Bibliotheken wurden oberhalb von Kreuzgängen errichtet, den Bautypus behielt man auch ohne Kreuzgang darunter bei. Heute hat das leidgeprüfte Noyon die einzige in Frankreich erhaltene Bibliothek dieser Bauweise. Nach dem Ersten Weltkrieg hatte sie kein Dach mehr, die Bücher waren mit einer dicken Staubschicht bedeckt, viele hatten Einschusslöcher. 3.000 Bände stehen nach wie vor in den Regalen, die wertvollsten wurden freilich in die Nationalbibliothek übersiedelt.

Adresse 1 Place Corbault, 60400 Noyon, an der Rückseite der Kathedrale | **Anfahrt** Noyon liegt etwa 15 Kilometer nordöstlich von Compiègne und ist über die A 1 und die D 1032 beziehungsweise die D 934 zu erreichen. | **Öffnungszeiten** Die Bibliothek kann nur im Rahmen geführter Touren besichtigt werden. Informationen bietet die Touristeninformation unter www.noyon-tourisme.com oder Tel. +33/344442188. | **Tipp** Königlich purpurfarben ist der Samen der Safranblüte, die ein Familienbetrieb unweit der alten Königsstadt seit 2015 kultiviert: »Saveur Pourpre«, also »Purpurgeschmack«, lautet der Name, königlich schmecken die mit eigenem Safran verfeinerten Marmeladen, Honige und Chutneys: 73 Rue Saint-Martin, 60310 Roye-sur-Matz.

87 Das afrikanische Mahnmal

Im Sternbild des Schmerzes

Der erste Schnee im Leben ist ein besonderer Augenblick. Für Tausende senegalesische Soldaten der 10. Infanteriedivision unter dem Kommando von General Mangin war es der letzte ihres Lebens: Als sie am 16. April 1917 in den frühen Morgenstunden die Anhöhe des Chemin des Dames attackierten, hatten schwerer Regen und tagelanges Artilleriefeuer das Terrain bereits in eine Mondlandschaft aus Dreck und Morast verwandelt. Nun schneite es auch noch. Die Soldaten aus den Kolonien arbeiteten sich im Schneesturm durch die verwüstete Landschaft voran und merkten nicht, dass sie dabei eine intakte unterirdische deutsche Stellung hinter sich ließen: die »Drachenhöhle«, wie die Deutschen einen ehemaligen Steinbruch nannten, den sie zur Festung ausgebaut und gut getarnt hatten. Von zwei Seiten unter Feuer genommen, starben Tausende bereits in den ersten Stunden der Offensive im Schnee des Chemin des Dames.

Innerhalb von zwei Tagen wollte der französische Oberkommandierende, General Nivelle, an dieser Stelle den Weltkrieg für Frankreich entscheiden. Nach einigen Monaten erbitterter Kämpfe hatten die Franzosen nicht mehr als den Höhenzug eingenommen, der seinen charmanten Namen »Damenweg« zwei Töchtern Ludwigs XV. verdankt, die dort gelegentlich eine in der Nähe lebende Tante besuchten.

Zahlreiche Denkmäler und Soldatenfriedhöfe kontrastieren mit der heute so friedlich wirkenden Landschaft und halten die Erinnerung an die 300.000 Menschen wach, die hier im Jahr 1917 starben. Das von Christian Lapie 2007 errichtete Mahnmal »Constellation de la douleur« ist aus verkohlten Baumstämmen gefertigt. Es ist eines der schlichtesten und wohl deswegen das schönste der vielen Mahnmäler der Region. Sein Name erinnert an das Sternbild des Drachens (»Constellation du dragon«). Es ist das einzige Denkmal für die »subsaharischen« Truppen, die im Ersten Weltkrieg für Frankreich kämpften.

Adresse Chemin des Dames, 02160 Oulches-la-Vallée | Anfahrt Das Mahnmal liegt direkt neben der zum Museum umgebauten »Drachenhöhle« etwa 14 Kilometer südlich von Laon, über die D 967, den Schildern »Caverne du dragon« folgen. | Tipp Unweit der Drachenhöhle erinnern auch die zerschossenen Ruinen der Abbaye de Vauclair, einsam in einer Waldlichtung gelegen, an die Schlacht im Jahr 1917. Ein wenig neues Leben blüht dort in Form eines großzügig angelegten Kräutergartens.

88 Der Lochnagar-Krater

Lauter, tiefer, sinnloser

Militärhistoriker haben einen deprimierenden Beruf. Zwar wird die Technik stets raffinierter, doch dient sie immer nur ein und demselben Zweck, seit Primaten und Homo sapiens getrennte Wege gehen. Gerade im Gebiet des Städtchens Albert, am Rand der Schlachtfelder an der Somme, erfasst einen angesichts unzähliger übers Land verteilter Soldatenfriedhöfe unweigerlich die Melancholie. Abertausende wurden in den Tod geschickt, weil Europas Eliten nicht gelernt hatten, ihre Konflikte intelligenter auszutragen als ihre eben erst von den Bäumen gekletterten fernen Vorfahren. Nur die Waffen waren immer besser geworden.

So war es auch eine Explosion von nie da gewesener Stärke, begleitet vom lautesten bis dahin von der Menschheit hervorgebrachten Knall, die am 1. Juli 1916 um 7.28 Uhr das Startsignal für die Somme-Offensive der Alliierten gab. In monatelanger, nahezu geräuschloser Arbeit hatten Pioniere einen Tunnel bis unter die vordersten deutschen Stellungen getrieben. 28 Tonnen Sprengstoff schleuderten das Erdreich 1.300 Meter hoch in den Himmel. Bis London soll die Explosion zu hören gewesen sein – oder vielmehr die Serie von Explosionen: Ähnliche Minen hatten die Briten auch an anderen Stellen gegraben. Ihre Generäle waren der Meinung, die deutschen Stellungen durch tagelanges Artillerie-Trommelfeuer zerstört zu haben, und ließen ihre Truppen in dichten Reihen aufmarschieren. Der fatale Irrtum kostete bereits in der ersten halben Stunde der Offensive Tausende britische Soldaten das Leben und führte zum schwärzesten Tag der britischen Militärgeschichte.

Der größte Krater, den der Krieg in Frankreich hinterlassen hat, wurde nach dem Krieg von einem britischen Soldaten gekauft. Seine schieren Dimensionen, aber auch die Begleittafeln, auf denen letzte Briefe von Soldaten abgedruckt sind, machen ihn zu einem der bewegendsten Gedenkorte der Region.

Adresse Route de la Grande Mine, 80300 Ovillers-la-Boisselle | Anfahrt von Albert auf der D 929 Richtung Bapaume, bei La Boisselle den Wegweisern folgen | Tipp Ein guter Ort, um wieder auf heiterere Gedanken zu kommen, ist der Old Blighty Tearoom in La Boisselle. Jon Haslock, dessen Urgroßvater an der Somme fiel, lebt seit 1987 als »Battlefield Guide« in Frankreich, seine Frau Alison eröffnete 2007 einen freundlichen britischen Tee-Salon (www.oldblightytearoomsomme.com).

89__Das Aalragout

Zu Gast bei Madame Lemaire

Bis zu 1.500 Euro ist ein Kilo Glasaale – gut 3.000 Tiere – auf dem chinesischen Markt wert. Drei Jahre sind die vor Florida geschlüpften durchsichtigen Fischchen alt, wenn sie vor der europäischen Atlantikküste der (Schwarz-)Fischerei zum Opfer fallen. Sie haben den Ozean überquert, um die europäischen Flüsse hinaufzuwandern. Jahrelang futtern sie sich danach die Reserven an, die sie für den Rückweg zu ihrem Geburtsort im Bermudadreieck brauchen. Dort pflanzen sie sich fort und sterben.

Immer seltener gelingt es ihnen heute, ihr Plansoll zu erfüllen. Die äußerst lukrative Fischerei und die Wasserkraft dezimieren die Bestände. Auch an der Somme ist das einstige Armeleute-Essen zur gesuchten Delikatesse geworden. Im Dörfchen Saint-Christ-Briost werden Aal-Liebhaber fündig: Jean-Michel Lemaire züchtet in seinem »Vivier d'Omignon« – im 13. Jahrhundert von Mönchen angelegten Fischteichen – neben Forellen auch Aale. Sie werden geräuchert oder zu feinen Pasteten verarbeitet. Madame Lemaire bereitet auf Vorbestellung das Signature Dish der Region zu: die Aal-Matelote.

Mit genauen Mengenangaben kann die Köchin aus Leidenschaft nicht dienen, doch mit etwas Gefühl bekommt man es auch so hin: Der Fisch wird zerteilt und über Nacht entweder in Rotwein oder Trappistenbier mit Thymian, Lorbeer, Gewürznelken und Muskatnuss mariniert. Am nächsten Tag den Fisch häuten. Ein paar fein geschnittene Schalotten in einem Schmortopf anschwitzen und wieder aus dem Topf nehmen. Nun den mit Mehl bestäubten Aal anbraten, mit der Marinade ablöschen. Die Schalotten wieder dazugeben, dann ein paar klein geschnittene Karotten. Ein Schuss Portwein und etwas rosa Pfeffer können nicht schaden. Das Ganze je nach Dicke des Fischs ein gutes halbes Stündchen auf kleiner Flamme köcheln lassen. Den Aal aus dem Topf nehmen und warm stellen, die Sauce einkochen und abschmecken. Bon appétit!

Adresse 28 Rue de l'Église, 80200 Saint-Christ-Briost | **Anfahrt** über die A 29, Ausfahrt 54, auf der D 45 den Wegweisern folgen | **Tipp** 2.200 Hektar Oberfläche haben die Teiche der Haute Somme. Der Fluss und die Teiche gehören in diesem Abschnitt den Gemeinden. Wer hier selbst fischen will, braucht keinen Angelschein, nur eine Tageskarte für sieben Euro.

90 Die Jungfrauenkapelle

Copy & Paste im Mittelalter

Man kennt das ja: Voller löblicher Vorsätze fährt man nach Paris, um sich zu bilden. Etwa durch einen Besuch der Sainte-Chapelle, schließlich sollte man dieses gotische Juwel irgendwann im Leben einmal gesehen haben. Doch dann sieht man nur die endlose Schlange vor dem Eingang, die zur Hochsaison quer über die Île de la Cité reicht, und Shopping ist ja auch schön.

Wie gut, dass es eine nahezu identische Sainte-Chapelle gibt, die man im Regelfall ganz für sich allein hat: Mitten im behäbig-beschaulichen Pays de Bray steht die prachtvolle Abteikirche von Saint-Germer-de-Fly, an der Schwelle von der Romanik zur Gotik errichtet, ein Gebäude, das für sich schon die Anreise lohnt. Unmittelbar dahinter wurde 1267, exakt 20 Jahre nach der Pariser Sainte-Chapelle, eine nahezu baugleiche Kapelle fertiggestellt. »Sainte-Chapelle« durften französische Sakralbauten nur dann genannt werden, wenn der Auftraggeber königlichen Blutes war. Darum heißt das entweder vom gleichen Architekten – vermutlich Pierre de Montreuil, doch genau weiß man es nicht – oder nach den gleichen Plänen wie in Paris erbaute gotische Kleinod im Pays de Bray eben »Jungfrauenkapelle«, Chapelle de la Vierge.

Der Kontrast zwischen der frühesten und der vollendeten Gotik, den man in Saint-Germer erlebt, könnte deutlicher nicht sein: Die großzügige Abteikirche ist zwar von durchsichtigen, aber eben kleinen Fenstern weit oben in den dicken Mauern beleuchtet. Die Kapelle besteht im Grunde nur aus Fenstern, jedenfalls entsteht der Eindruck. Wie bei ihrem berühmten Vorbild, das der Aufbewahrung der angeblich echten Dornenkrone diente, wurden Reliquien in ihr aufbewahrt: die des Klostergründers Saint Germer. Im Gegensatz zur im 19. Jahrhundert recht farbenfroh gestalteten Pariser Kapelle sind ihre Innenwände schlicht und farblos gehalten – das Gebäude ist schließlich auch ohne Zierrat von vollendeter Eleganz.

Adresse 11 Place de Verdun, 60850 Saint-Germer-de-Fly | Anfahrt über die N 31, etwa 15 Kilometer westlich von Beauvais | Öffnungszeiten täglich 9–19 Uhr | Tipp Der nahe Mont Sainte-Hélène ist ein Aussichtsberg, der einen großartigen Überblick über das Pays de Bray gibt. Den Hinweistafeln folgen, Saint-Pierre-es-Champs durchfahren, danach parken und einfach losspazieren, die eine oder andere Tafel betrachten und über das Land schauen. Tief durchatmen.

91 Le Chêne de Saint Jean

Ein bewegtes Leben von 800 Jahren

Was unsachgemäßer Baumschnitt alles anrichten kann: Da die Äste der Eiche von Saint-Jean immer wieder abgesägt und als Brenn- und Baumaterial verwendet wurden, konnten durch die vielen offenen Wunden Pilze ins Holz eindringen. Daran wird der Baum ziemlich sicher auch zugrunde gehen.

Andererseits sind Eichen recht robust. Die Mönche von Saint-Jean, die dem Baum durch ihren Holzbedarf so zusetzten, pflanzten ihn nämlich schon zur Zeit des heiligen Ludwig, und der regierte von 1226 bis 1270. Er führte zwei erfolglose Kreuzzüge nach Ägypten und Tunesien, den zweiten überlebte er nicht. Im Heiligen Römischen Reich herrschte damals der Stauferkaiser Friedrich II. Die Eiche stammt aus der unendlich fernen Zeit der Kreuzfahrer, Einhörner und Minnesänger, sie ist so alt wie die ersten gotischen Kathedralen und gilt als ältester in einem Wald stehender Baum Frankreichs. Ähnlich ehrfürchtig wie einer Kathedrale nähert man sich daher auch der stattlichen Traubeneiche mit ihren 25 Metern Höhe. Legt man die Hand auf ihren Stamm, berührt man ein Lebewesen von etwa 800 Jahren. Man muss kein Esoteriker sein, um diese Berührung – eine Umarmung geht sich bei acht Metern Stammumfang nicht recht aus – als einen ganz besonderen Moment zu erleben.

Man erreicht den einzigartigen Baum in einer guten Viertelstunde Waldspaziergang vom hübschen Dörfchen Saint-Jean mitten im Wald von Compiègne. Sein größter Ast brach vor einigen Jahren ab und liegt nun neben dem teilweise ausgehöhlten Stamm. In diesem zündeten Kinder in den 1970er Jahren ein Feuer an, um ein Wespennest auszuräuchern. Auch das hat die Eiche von Saint-Jean überlebt. Sie wird hier stehen, bis sie von selbst umstürzt. Wann das sein wird? Früher oder später. Auf das eine oder andere Jahrzehnt genau kann man das bei einem Lebewesen dieses Alters nicht sagen.

Adresse Parkplatz in der Rue des Meuniers, 60350 Saint-Jean-aux-Bois, von dort dem Wegweiser folgen | **Anfahrt** über die D 973 zwischen Compiègne und Pierrefonds | **Tipp** Touristisches Highlight des Waldes von Compiègne ist die rekonstruierte Burg von Pierrefonds. Was man dort keinesfalls versäumen sollte: die Gipsabdrücke königlicher Grablegen im originalen Burgkeller, die in einer schaurig-schönen Licht- und Klanginstallation präsentiert werden.

92 Les Faiseurs de Bateaux

Wenn der Sohne mit dem Vater

Saint-Omer liegt 30 Kilometer von der Küste entfernt und war doch einmal eine Hafenstadt. Im frühen Mittelalter lag ein großer Teil des späteren Flandern noch unter Wasser und wurde erst schrittweise vom Meer zurückgewonnen. Rund um die Stadt sah es damals womöglich ganz ähnlich aus wie heute: 3.700 Hektar misst das Moorgebiet, das die alte flämische Stadt nach wie vor umgibt. Der Fluss Aa bildete hier ein weites Delta, die Mönche der Abtei Saint-Bertin befestigten und vergrößerten schrittweise dessen zahlreiche Inseln und legten Polder an.

Heute ist das »Marais Audomarois« das größte landwirtschaftlich genützte Moor Frankreichs. Sein wichtigstes Produkt: Blumenkohl, der hier dank einer Mischung aus Torf und Lehm, viel Sonne und viel Wasser ideale Bedingungen vorfindet. Bis vor 40 Jahren wurden Ernte, Werkzeuge und auch das Vieh mit »Bacôve« genannten Lastkähnen auf den Wasserwegen zwischen den Inseln transportiert. Die typischen Boote sind ein Erbe aus der Zeit, als Saint-Omer noch am Meer lag und regen Handel mit der Hanse betrieb: Ihre Form geht auf die Hansekoggen zurück, erklärt Rémy Colin. Beinahe wäre sein Großonkel der Letzte gewesen, der sich noch auf das Herstellen der Bacôves verstand. Als er vor 20 Jahren in Pension ging, hatten alle seine Kollegen längst aufgehört: Brücken waren gebaut worden, die Bauern fuhren lieber mit dem Traktor als mit dem Boot zu ihren Feldern. Rémy ertrug den Gedanken nicht, dass die jahrhundertealte Tradition bald aussterben würde. Er ließ sich zum Schiffszimmermann ausbilden und lernte von seinem Großonkel alles über die lokale Tradition. Später fing auch Rémys Vater Vincent Feuer – und ging bei seinem Sohn in die Lehre. Heute sind Vater und Sohn die letzten Bootsbauer von Saint-Omer. Neben Werkstattführungen bieten sie auch Rundfahrten durch das Moor an – auf selbst gebauten Booten natürlich.

Adresse 43 Route de Clairmarais, 62500 Saint-Omer | Anfahrt Hinter dem Bahnhof beginnt die Rue Saint-Martin, die zur Route de Clairmarais wird. Ein Wegweiser führt über eine kleine Brücke zu den Bootsmachern. | Öffnungszeiten Werkstattbesuch und Bootstour: April–Sept. Mo–So 10.30, 14.30 und 16 Uhr, Okt.–März Mo–Sa 14.30 Uhr, Anmeldung unter Tel. +33/608099488 | Tipp Alles über Moore und ihre Tier- und Pflanzenwelt erfährt man in der Maison du Marais (46 Avenue Maréchal Joffre – www.maison-du-marais.fr): Souvenirs gibt es auch und ein Café am Wasser mit Windmühlen-Blick.

93_Der Sarkophag

Kinderschuhe für den Wandermönch

Für ein Städtchen von gerade einmal 14.000 Einwohnern gibt sich Saint-Omer ganz schön großstädtisch: Der Bahnhof würde auch in Paris eine gute Figur machen, die große Altstadt verfügt über weite Plätze, ein prächtiges Theater und stattliche Kirchen. Im Mittelalter zählte die flämische, erst unter Ludwig XIV. französisch gewordene Stadt mit 40.000 Einwohnern zu den größten Europas.

Nur eine Kathedrale hatte Saint-Omer die längste Zeit nicht: Bis zu seiner Zerstörung durch Karl V. im Jahr 1553 war das nahe Thérouanne Bischofssitz. Die unter den Merowingern geschaffene Diözese reichte von Ypern bis zur Somme. Ihr erster Bischof war Audomar, ihr fünfter der heilige Erkembodo, ein irischer Mönch, gleichzeitig auch Abt des mächtigen Klosters Saint-Bertin. Unermüdlich durchwanderte er sein riesiges Bistum, kaufte Ländereien und verschenkte sie an die Armen seiner Diözese. 742 starb er, erschöpft und – angeblich aufgrund seiner vielen strapaziösen Fußmärsche – beinahe gelähmt. Erkembodo wurde in der Marienkirche von Saint-Omer, die nach der Zerstörung Thérouannes zur Kathedrale erhoben wurde, neben seinem berühmten Vorgänger Audomar bestattet. Während der Revolution versteckte eine Nonne seine Überreste vor den Verwüstungen, allerdings vergaß man später, wo genau. Erst 1902 tauchten Erkembodos Reliquien wieder auf. Sie ruhen seither im alten Steinsarkophag, auf den Eltern die Schuhe ihrer Kinder stellen, wenn diese nicht laufen lernen wollen. Der Brauch geht auf die Pilgerreisen zurück, die kurz nach dem Tod des Heiligen einsetzten: Man ging zu Fuß zum Grab desjenigen, der sein ganzes Leben lang zu Fuß zu seinen Schäfchen gegangen war, und ließ seine Schuhe als Votivgabe zurück. Im Lauf der Zeit wuchs die Überzeugung, dass der Heilige, dem das Gehen am Ende seines Lebens so große Mühen bereitete, einfach der kompetenteste Ansprechpartner für Fußmarode sein muss.

Adresse Enclos Notre-Dame, 62500 Saint-Omer | Anfahrt Saint Omer ist über die A 25 und die A 26 gut erreichbar, die Kathedrale liegt am Rand der Altstadt. | Öffnungszeiten April–Okt. 8–18 Uhr, Nov.–März 8–17 Uhr | Tipp Die Kathedrale von Saint-Omer ist mit ihren Grablegen, Statuen und Bildern bereits ein Kunstgenuss. Noch steigern lässt sich dieser im nahen Musée Sandelin, einem der bedeutendsten Kunstmuseen der Region, untergebracht in einem prachtvollen Hôtel particulier aus dem 18. Jahrhundert. 14 Rue Carnot, Mi–So 10–12 und 14–18 Uhr.

94 Der Garten des Malers

André van Beeks erfüllter Lebenstraum

Die Teiche, die Brücken, die Seerosen – wer an einen Maler in seinem blühenden Garten denkt, sieht so gut wie sicher Claude Monet in Giverny vor dem inneren Auge. Den Traum, im eigenen Garten zu malen, hatte einst auch André van Beek, doch das Leben und seine Eltern hatten anderes mit ihm vor: Mit 24 musste er den Familienbetrieb übernehmen, eine Geflügelzucht. Mit 40 schmiss er die Firma hin und kaufte ein altes Haus mit Grundstück. »Das hätte ich schon viel früher machen sollen«, meint er heute, doch unzufrieden wirkt er nicht, ganz im Gegenteil: Vom Gesicht des André van Beek geht ein Leuchten aus, das Menschen oft ausstrahlen, wenn sie ihren Weg gefunden haben. Auch seine Bilder strahlen in allen erdenklichen Farbtönen, und vielleicht ist die Harmonie, die der autodidakte Künstler in sich gefunden hat, ja der Grund für ihren rasenden Erfolg: Was er malt, ist längst bestellt. Dabei arbeitet er doch stets am gleichen Motiv – dem eigenen Garten.

Mit seinen Pflanzen verbringt der Maler fast so viel Zeit wie mit seinen Farben. Eineinhalb Hektar eines vormals verwilderten Grundstücks hat er in eine abwechslungsreiche Parklandschaft verwandelt, mit Teichen, Brücken und kleinen Wäldchen. Einem Plan folgt er dabei nicht, sondern ausschließlich seiner Intuition und dem Verständnis für die Pflanzen, das er sich über die Jahre angeeignet hat. Es gibt nur ein Grundprinzip: Es soll immer etwas blühen in diesem Garten, der dem Maler so zur unerschöpflichen Inspirationsquelle wird. Hunderte Tulpen und Dahlien setzt er jedes Jahr neu, dazwischen stehen die Hortensien, und wenn die Sommerblüten weg sind, verwandeln asiatische Sträucher namens Heptacodium den Garten im Herbst in ein flammend rotes Blättermeer. Ein grüner und ein bunter Daumen, Maler und Gärtner: Zwei Seelen trägt André van Beek in der Brust, und sie vertragen sich blendend.

Adresse 1 Rue des Auges, 60650 Saint-Paul | **Anfahrt** Der Garten liegt unmittelbar westlich von Beauvais an der D 931. | **Öffnungszeiten** Juli, Aug. täglich 14–19 Uhr, Mai, Juni, Sept., Okt. Fr, So, Mo und feiertags 14–19 Uhr, Sa 14–17 Uhr, Anmeldungen über das Kontaktformular auf www.andrevanbeek.com | **Tipp** Nicht nur im benachbarten Beauvais passen Chor und Langschiff der Kirche nicht gut zusammen, auch die romanisch-gotische Kirche von Hodenc-en-Bray ist eine kuriose Mischung – und dennoch wunderhübsch. Für Besichtigungen wendet man sich ans Tourismusbüro von Saint-Germer-de-Fly unter Tel. +33/344826274.

95 Das Labyrinth

Eines der beiden letzten Frankreichs

»Lasst die Kinder zu mir kommen«, sagte schon Jesus, und so tut man als Erwachsener gut daran, dem Nachwuchs nicht immer nur voran-, sondern gelegentlich auch einmal hinterherzugehen. Zum Beispiel in der Basilika von Saint-Quentin, die in ihrer Dimension und Schönheit mit den gotischen Kathedralen der Umgebung rivalisiert – nur Amiens ist höher – und doch jahrhundertelang »nur« eine einfache Kollegialkirche war, ehe sie im 19. Jahrhundert zur Basilika befördert wurde. Die 1917 verwüstete, erst 1956 einigermaßen wiederhergestellte Kirche bietet wegen ihrer unüblich langen Bauzeit eine seltene und harmonische Zusammenschau der gotischen Stile Nordfrankreichs. Ihre Orgel ist die größte Barockorgel Frankreichs, ihre Fenster stammen teils aus dem 13. Jahrhundert, teils aus der Art-déco-Zeit, die der Stadt ihren Stempel aufdrückte. Ihr Dachstuhl ist aus Stahlbeton. Längst nicht alle Geheimnisse der ungewöhnlichen Kirche, die ein Lothringerkreuz als Grundriss und daher zwei Querschiffe hat, sind heute gelüftet. Ihre Bedeutung verdankt sie dem heiligen Quintinius, einem Märtyrer, dessen angebliche Hand in einer Seitenkapelle ausgestellt ist.

Über eines der Highlights der Basilika latschen die meisten Touristen achtlos hinweg, während man kaum ein Kind finden wird, das es nicht zu schätzen weiß: ein riesiges Labyrinth aus weißen und schwarzen Steinplatten, das im 14. Jahrhundert verlegt wurde. 260 Meter ist die schwarze Linie lang, die auf verschlungenen Pfaden in die Mitte des Ornaments führt. Mittelalterliche Pilger legten den Weg ins Zentrum, das für das Paradies steht, auf den Knien zurück. Kinder entweder auf dem einen oder dem anderen Bein hüpfend oder einen Fuß unmittelbar vor den anderen setzend und im Bewusstsein, dass man bei einem Fehler eben wieder von vorn anfangen muss. Das Labyrinth ist das Leben, der Weg ist das Ziel – und Umwege erhöhen die Ortskenntnis.

Adresse 1 Rue de Labon, 02100 Saint-Quentin | Anfahrt Man erreicht Saint-Quentin über die A 1 oder die A 26 und die A 29, die Basilika ist von weithin sichtbar. | Öffnungszeiten Mo–Sa 9–17 Uhr | Tipp Verpassen Sie in Saint-Quentin nicht das Schmetterlingsmuseum! 14 Rue de la Sellerie, 02100 Saint-Quentin, Di–So 14–18 Uhr.

96 Le Musée Motobécane

Die Blaue!

Ob Sie sich nun für Mopeds interessieren oder nicht: Diese Silhouette ist Ihnen vertraut, wenn Sie auf den Verkehr in Frankreich achten. Das elegante hellblaue Moped mit dem markant eckigen Scheinwerfer und dem verchromten Tank, das genauso aussieht, wie ein Moped eben aussehen muss … Genau, es ist die Vorlage für alle französischen Verkehrsschilder, die sich auf Mopeds beziehen, also auf Mobylettes, wie man in Frankreich sagt (wie viel verspielter und liebevoller als im Deutschen allein dieses Wort klingt!).

Die Silhouette auf dem Verkehrsschild ist schwarz, doch von allen wird die Motobécane AV88, wie das Modell offiziell heißt, nur »die Blaue« genannt: *La Bleue*. Für Franzosen schwingt bei diesem Namen eine ähnliche Emotion mit wie beim Citroën 2CV oder dem Renault 5: ein Fahrzeug der Wirtschaftswunderjahre, erschwinglich und schön, klassen- und generationenverbindend, einfach, aber elegant – und von einem Design, das auf den ersten Blick das Zeug zur Ikone hat. Über zehn Millionen *Bleues* wurden seit den 1960ern verkauft. Sie ist damit das meistverkaufte Moped der Welt, was wohl nicht nur an ihrer Schönheit liegt, sondern auch an ihrer Qualität.

Dutzende Motobécane-Modelle aus den Jahren 1924 bis 1983 sind in der ehemaligen Motobécane-Fabrik mitten in der alten Industrievorstadt von Saint-Quentin versammelt, dem Faubourg de l'Isle. »Motordrahtesel« wäre eine korrekte Übersetzung der französischen Marke, und genauso sahen die Modelle aus den 1920er Jahren auch aus: elegante, robuste Herrenfahrräder mit frei liegendem Hilfsmotor. Die Entwicklung ging rasant weiter, ein Modell nach dem anderen zeugt vom Willen zur stets möglichst schnittigen Form. 1983 ging die Firma Motobécane pleite und wurde von Yamaha gekauft, der Produktionsstandort in Saint-Quentin stillgelegt. Traurig, doch *La Bleue* ist längst unsterblich – nicht nur auf den Fahrverbotsschildern.

Adresse Village des Métiers d'Antan, 5 Rue de la Fère, 02100 Saint-Quentin | Anfahrt Das Museum befindet sich etwas außerhalb des Zentrums am linken Somme-Ufer, direkt an der N 2044. | Öffnungszeiten Febr.–April, Okt.–Dez. Di–So 14–18 Uhr, Mai–Sept. 9–12 und 14–18 Uhr | Tipp Saint-Quentin wurde nach dem Ersten Weltkrieg im Art-déco-Stil wieder aufgebaut. Achten Sie auf stilisierte Rosen im Stuck und stilisierte Obst- und Blumenkörbe an Balkongittern – fertig ist der Art-déco-Spaziergang!

97__Der Parc du Marquenterre

Birdwatcher's Paradise am Rand der Somme-Bucht

Sieben Jahre kämpfte Michel Jeanson für sein kleines Holland. Kurz nach dem Krieg, im Jahr 1948, erzählte er dem Präfekten des Départements zum ersten Mal von seinem Traum: Er wollte einen Damm vor der Küste von Saint-Quentin-en-Tourmont anlegen und auf der gewonnenen Fläche Tulpen anbauen. Der Plan ging durch fünf Ministerien, bis er 1955 endlich genehmigt wurde. 200 Hektar Land schuf Michel Jeanson für seine Blumen. Dann kamen die Verträge von Rom, und plötzlich war Holland kein Traum mehr, sondern ein Problem: Von nun an stand der französische Markt den holländischen Tulpenproduzenten offen. Für Michel Jeanson war klar: »Wir waren erledigt.« Doch sein Polder, wie man das dem Meer abgetrotzte Land auf gut Holländisch nennt, fand bald eine neue Verwendung: Der Staat wollte seit Längerem in unmittelbarer Nachbarschaft der Tulpenplantage ein Vogelschutzgebiet errichten, durch das Scheitern der Blumenzucht war nun erheblich mehr Platz. Statt Tulpen zu züchten, gestaltete Michel Jeanson seinen Polder in eine vermeintlich natürliche Landschaft um, die den Bedürfnissen der Zugvögel entgegenkam. Diese hatten das »neue« Landstück von Anfang an in Beschlag genommen, liegt es auf ihrer Wanderroute doch ideal auf halber Strecke zwischen Nordafrika und Sibirien.

Heute ist der Polder als »Parc du Marquenterre« eines der bekanntesten und schönsten Vogelschutzgebiete Frankreichs. Drei markierte Wege von unterschiedlicher Länge erlauben es, sich je nach Zeit, Lust und Laune auf die ornithologische Entdeckungsreise zu machen: zu Storchennestern, Möweninseln, Kormoran-Brutstätten. An 13 Stationen erfahren Laien und Experten Wissenswertes, an besonders aussichtsreichen Plätzen stehen Park-Mitarbeiter mit starken Fernrohren bereit. Last, but not least: das Park-Restaurant mit seinen Tischen unter Bäumen und den weithin bekannten Moules-Frites.

Adresse 25 bis Chemin des Garennes, 80120 Saint-Quentin-en-Tourmont | **Anfahrt** von der Somme-Bucht oder Rue über die D 4 | **Öffnungszeiten** April – Sept. täglich 10 – 19 Uhr, Okt., Febr., März täglich 10 – 18 Uhr, Nov. – Jan. Sa, So 10 – 17 Uhr, siehe auch www.baiedesomme.fr | **Tipp** Im nahen Rue lohnen sowohl die flamboyant gotische Heiliger-Geist-Kapelle als auch das kleine Museum der lokalen Flugpioniere Gaston und René Caudron einen Besuch.

98__Le Tearoom

Orangenmarmelade aus dem Kupferkessel

Es ist eines der meistverkauften Kochbücher überhaupt, doch seine Autorin starb verarmt: »The Alice B. Toklas Cook Book«, verfasst von Gertrude Steins Lebensgefährtin. Seinen Kultcharakter verdankt das Buch dem Rezept für »Hashish-Fudge«, Filmproduzentin Judith Gifford interessierte sich aber vor allem für das Orangenmarmelade-Rezept. Sie war mit ihrem Mann Nick, einem Dokumentarfilmer, gerade von Großbritannien nach Frankreich übersiedelt, wo sie ihre Kinder großziehen wollten. Knapp 30 Jahre ist das her. Sie renovierten einen alten Bauernhof in einem verschlafenen Dorf unweit von Valloires und lebten einen lang gehegten Traum aus: selbst gekochte Marmelade auf den Märkten der Umgebung zu verkaufen. Natürlich nur als Hobby. Doch irgendetwas machten sie richtiger als die anderen. Lag es an Alice B. Toklas' Rezept? Oder daran, dass sie ihre Marmeladen ausschließlich aus Biofrüchten und ungebleichtem Rohrzucker kochten, und zwar in Kupferkesseln?

Schnell wurde ihr Stand zum Geheimtipp. Fünf Jahre nach ihrem ersten Markttag meldeten sich die Brüder Costes, um Orangenmarmelade für das Frühstücksbuffet ihres Pariser Luxushotels zu bestellen. Als das Telefon bald darauf wieder klingelte, war Alain Ducasse dran. So endete die Filmkarriere des Paares. Von früh bis spät kochten Nick und Judy nun Marmeladen in der Küche ihres Bauernhofes, 20 Jahre lang. 2014 übernahm ihr ältester Sohn den Betrieb und übersiedelte ihn ins nahe Le Touquet. Nick und Judy kochen weiterhin Marmelade, aber nicht mehr ausschließlich: Zwischendurch backen sie Kuchen und Scones. Einen Teil ihres Hauses haben sie zum britischen Tearoom umgestaltet, jeden Nachmittag kann man nun zum Cream Tea vorbeikommen und dabei mit den charmanten Gastgebern plaudern. Es gibt Tee, selbst gebackene Kuchen und Scones mit selbst gemachter Orangenmarmelade. Wie bei Costes, nur irgendwie viel besser.

Adresse 1 Rue du Marais, 62870 Saint-Rémy-au-Bois | Anfahrt Saint-Rémy liegt unweit der D 939, etwa fünf Kilometer von Valloires entfernt. Die Rue du Marais zweigt direkt von der Hauptstraße ab, es gibt einen Wegweiser. | Öffnungszeiten jeden Nachmittag, Brunch auf Vorbestellung unter Tel. +33/321861940 täglich ab 11 Uhr | Tipp Im nahen Douriez befindet sich eines der wenigen übrig gebliebenen typischen Wirtshäuser der Region, das »Estaminet de l'Andouiller«: www.estaminetdelandouiller.com.

99 Die Lumpenbäume

Keltisch-christliche Rituale

Als die Pest 1499 das Dorf Senarpont verschonte, ließ Kammerherr Jean d'Evrard de Lanan, der dort sein Schloss hatte, dem heiligen Claudius eine Kapelle bauen. Und siehe da: Auch die nächste Pestepidemie machte 1638 einen Bogen um Senarpont. Genau wie die Spanische Grippe 1918. Trotz der klaren Hinweise auf Hilfe von oben waren sich die Leute nicht ganz sicher, woher genau diese gekommen war. Schließlich war die Kapelle längst verfallen, und man hatte die Heiligenstatue an einer alten Ulme befestigt. Wenn nun gar nicht der Heilige geholfen hätte, sondern … die Ulme?

So ganz sind sie eben nie verschwunden, die alten Götter, auch wenn christliche Kirchen von Anfang an systematisch an die Stelle bereits vorhandener Kultstätten gebaut wurden. In Senarpont ist der keltische Glaube an die Heilkraft der Bäume am Leben geblieben. Vor allem Hautkrankheiten sollen hier geheilt werden. Um sich nicht zwischen dem heiligen Claudius und den heilenden Bäumen entscheiden zu müssen, hat man die beiden Kulte kurzerhand fusioniert. Das zu befolgende Ritual funktioniert so: Ein Kleidungsstück, das mindestens neun Tage lang in Kontakt mit dem kranken Körperteil war, wird um den Baum gewickelt, während man ein Gebet an den heiligen Claudius richtet.

Nicht allen scheint das christlich-keltische Mischritual zu gefallen: Die originalen Ulmen wurden zwar vom in ganz Europa wütenden Ulmensterben hinweggefegt, doch sowohl ihre bewusst an Ort und Stelle belassenen Stümpfe als auch die als Ersatz gepflanzten jungen Bäumchen wurden mehrfach angezündet. Erfolg haben die Bekämpfer des Aberglaubens dennoch nicht: Hunderte Kleidungsstücke hängen an allen Bäumen und Sträuchern der näheren Umgebung, und zur Not tut es offenbar selbst eine Thuja. Nun kann man den uralten Aberglauben natürlich belächeln, doch andererseits: Dass Glaube heilt, steht immerhin auch in der Bibel.

Adresse D 1015, 80140 Senarpont | **Anfahrt** Der Ort liegt etwa 25 Kilometer von Mers-les-Bains entfernt im Landesinneren. Die Lumpenbäume stehen direkt an der D 1015, wenige hundert Meter südlich des Ortszentrums am rechten Straßenrand (von Senarpont kommend). | **Tipp** An der gleichen Straße, aber am anderen Ende des Ortes befinden sich die sehenswerten Gärten »Les Jardins de LY«. Die Abkürzung steht für das Ehepaar Louisette und Yves, die den 12.000 Quadratmeter großen Park in jahrzehntelanger Arbeit geschaffen haben (www.lesjardinsdely.fr, Besichtigungen unter Tel. +33/322259204).

100 Besuch bei Séraphine

Psychedelisch-primitive Kunst einer Putzfrau

Gerade einmal 40 Kilometer von Paris entfernt liegt mitten in weitläufigen Waldgebieten die großbürgerliche Kleinstadt Senlis. Zwischen ihren mächtigen gallo-römischen Stadtmauern befinden sich eine sehenswerte Altstadt, ein römisches Amphitheater, die kleinste gotische Kathedrale Frankreichs sowie die Ruinen des Königsschlosses, in dem Hugues Capet, dessen Nachkommen Frankreich bis 1789 regieren sollten, im Jahr 987 zum König der Franken gewählt wurde.

Auch eine unscheinbare blaue Tür mitten in Senlis könnte zu den wichtigsten Erinnerungsorten der Stadt zählen, doch nichts weist darauf hin, dass dahinter eine der bedeutendsten französischen Künstlerinnen des 20. Jahrhunderts lebte. Die 1864 geborene Séraphine Louis war Schafhirtin, Dienstmagd in einem Nonnenkloster und schließlich Putzfrau in Senlis, wo sie in ihrer freien Zeit wie besessen malte. 1912 machte der deutsche Kunstsammler Wilhelm Uhde auf der Durchreise in Senlis halt und entdeckte durch Zufall die ausdrucksstarken Bilder der malenden Putzfrau. Er erkannte ihr Talent und unterstützte sie finanziell, doch der Erste Weltkrieg unterbrach die beginnende Zusammenarbeit. In den 1920er Jahren nahm Uhde den Kontakt wieder auf und verhalf der autodidakten Malerin zu Ausstellungen und vorübergehendem Reichtum, den sie jedoch schnell wieder verschleuderte. Lag es an den hochgiftigen Farben, die Séraphine in der kleinen Kammer, in der sie malte und lebte, zu einer nie preisgegebenen Mischung rührte? Die Künstlerin wurde psychisch krank. Im Jahr 1932, in dem Uhde ihre Werke in einer Ausstellung über die »Primitifs modernes« einem großen Publikum präsentierte, wurde sie in eine Nervenheilanstalt eingewiesen. Séraphine malte kein einziges Bild mehr, 1942 starb sie an Unterernährung. Heute zählt sie zu den bedeutendsten »naiven« Künstlerinnen Frankreichs, einige ihrer Werke sind im Museum im Bischofspalast ausgestellt.

Adresse 1 Rue du Puits-Tiphaine, 60300 Senlis | **Anfahrt** über die A 1, Ausfahrt 8; am besten nahe dem Zentrum parken und die Innenstadt zu Fuß erkunden | **Tipp** Im Prioratsgebäude gegenüber dem Schloss befindet sich Europas einziges Treibjagdmuseum – eine eigenwillige, sehenswerte Sammlung von Bildern, Trophäen, Statuen und Ausrüstungsgegenständen rund um die alte, im Raum Senlis nach wie vor äußerst lebendige Tradition.

101_Der Donjon

Victor was here

Hatte er das wirklich nötig? Muss ein Autor, dessen Werk Zigtausende Seiten füllt und der bis in alle Ewigkeit zu den Größten der Weltliteratur zählen wird, seinen Namen auch noch in eine Burgmauer ritzen?

Nun, er war schließlich nicht allein in der Burg, und er war halt ein Romantiker, der gute alte Victor Hugo. 1835 verewigte er sich und die Schauspielerin, die seit zwei Jahren seine Geliebte war, als Graffito in den Ruinen von Septmonts: »Victor Hugo, Juliette, 19. juillet 1835«. Zwei Punkte seien zur Verteidigung des Dichters angeführt: Erstens war er beileibe nicht der Einzige. Vom Eingang bis zur obersten Plattform des allein in einer weiten Parklandschaft stehenden Turms überziehen Tausende Graffiti das altehrwürdige Gemäuer und lassen die Suche nach dem romantischen Gekritzel des Dichterfürsten ohne Hilfestellung zu einer aussichtslosen Angelegenheit werden. Und zweitens war die damals 29-jährige Juliette Drouet eben der Lebensmensch des verheirateten, aber notorisch untreuen Literaturstars. Er betrog sie zwar (wie natürlich auch seine Ehefrau) unzählige Male, blieb ihr aber bis an sein Lebensende treu verbunden. Als er bei der Belagerung von Paris durch die Preußen um sein Leben fürchtete, schrieb er seinen Kindern: »Diejenigen, die mich liebten, mögen sie lieben. Sie ist meine Witwe.« Etwa 13 Jahre blieben sie einander danach noch erhalten. Am ersten Januar 1883 sandte sie dem Mann, dem sie in 50 Jahren 20.000 Briefe geschrieben hatte, folgende Zeilen: »Ich weiß nicht, wo ich nächstes Jahr um diese Zeit sein werde, doch bin ich glücklich und stolz, dir die Bestätigung, dass ich dieses Jahr noch lebe, mit dieser einzigen Zeile zu unterschreiben: Ich liebe dich.« Im Mai darauf starb sie.

Die Huldigung durch ihren damals noch jugendlichen Liebhaber ist im vorletzten Saal des Turms zu finden, hinter der Tür, geschützt von einer Glasplatte.

Adresse Place de la Mairie, 02200 Septmonts | **Anfahrt** Septmonts liegt vier Kilometer südlich von Soissons und ist am besten über die N 31, N 2 und D 1 zu erreichen. | **Öffnungszeiten** Mai–Sept. 9–19 Uhr, Okt.–April nur Sa, So 9–17 Uhr | **Tipp** Verzichten Sie nicht auf einen Abstecher nach Soissons und zu den erhabenen Ruinen der Abteikirche Saint-Jean-des-Vignes. In Sichtweite befindet sich die 2015 eingeweihte, von Henri Gaudin geplante »Cité de la Musique et de la Danse« und bildet einen spannungs- und wirkungsvollen Kontrast dazu.

102 Die Grundmauern

Frankreichs Karthago

»In meinem Herzen Metz«, sollen die letzten Worte des römisch-deutschen Kaisers Karl V. gewesen sein. 1552 hatte der französische König Henri II. die bis dahin freie Reichsstadt nach achttägiger Belagerung besetzt, unter Mithilfe der gegen den Kaiser opponierenden protestantischen Reichsfürsten. Vergeblich versuchte Karl, Metz zurückzuerobern.

Der gedemütigte Habsburger fand ein geeignetes Objekt für seine Rache: den alten Bischofssitz Thérouanne, wenige Kilometer südlich von Saint-Omer gelegen, dessen seit dem 7. Jahrhundert bestehendes Bistum bis Gent reichte. Flandern und das Artois gehörten damals zum Heiligen Römischen Reich. Thérouanne jedoch bildete eine französische Enklave im Reichsgebiet. Das sollte der Stadt zum Verhängnis werden: Nach dem Debakel von Metz ließ der wütende Kaiser die 20.000-Einwohner-Stadt, die zu den bedeutendsten religiösen Zentren Europas gezählt hatte und deren Kathedrale einmal die größte Frankreichs gewesen war, belagern, stürmen und vollständig zerstören. Wochenlang waren 2.000 Soldaten mit dem systematischen Abbruch der starken Befestigungen und der Gebäude beschäftigt. Danach wurde das Stadtgebiet umgepflügt und mit Salz bestreut, auf dass dort nie wieder etwas wachsen möge.

Fast nichts erinnert heute an die große Zeit von Thérouanne: eine Statuengruppe, der »Grand Dieu de Thérouanne« in der Kathedrale von Saint-Omer – und der Name, den die Bewohner eines verschont gebliebenen Vorortes um das Jahr 1800 für sich reklamierten.

Auf einer Anhöhe oberhalb dieses »neuen« Thérouanne legen Archäologen seit dem 19. Jahrhundert die Fundamentreste des vernichteten alten frei. Ein guter Ort, um durch den kleinen archäologischen Park zu spazieren, Reproduktionen alter Stiche der von einer prachtvollen Kathedrale gekrönten Stadt zu betrachten und auf einer Bank im Grünen über die Vergänglichkeit alles Irdischen nachzudenken.

Adresse 44 Rue Saint Jean, 62129 Thérouanne | **Anfahrt** Thérouanne liegt etwa zehn Kilometer südlich von Saint-Omer und ist gut über die A26 zu erreichen. | **Tipp** Hesdin, ein Stück weiter südlich, erlitt ein ähnliches Schicksal. Da das Heilige Römische Reich aber eine Bastion gegen Frankreich brauchte, wurde die Stadt wieder aufgebaut. Besonders sehenswert ist das Rathaus aus den Jahren des Wiederaufbaus (zweite Hälfte des 16. Jahrhunderts).

103__Die Kapelle

Wo schon Druiden Kraft tankten

Die Rede von »starken« Orten klingt zwar etwas esoterisch, andererseits gibt es sie eben. Die Ruine der Kapelle nahe dem Weiler Guémy ist so ein Ort: Man befindet sich gerade einmal 122 Meter über dem Meer, doch wie weit der Blick von hier aus reicht! Über das Tal der Hem bis zu den Vororten von Calais und zum Cap Blanc-Nez, an manchen Tagen soll man sogar die englischen Kreidefelsen erkennen können. Das Gras steht hoch, der Wind malt ständig neue Wolkenbilder an den unendlich weiten Himmel. Natürlich ist so ein Ort wie gemacht für Kulte aller Art. Die Tatsache, dass er früh von einer Kapelle gekrönt wurde, lässt auf ein Heiligtum aus vorchristlicher Zeit schließen, auch wenn keine Spuren davon vorhanden sind.

Die aktuellen Ruinen stammen aus dem 15. Jahrhundert. Anton Bastard von Burgund, der in Tournehem begraben liegt, ließ eine ältere Kapelle abreißen und eine neue errichten, doch diese wurde im Spanischen Erbfolgekrieg zerstört. Zuvor brachte man noch die Marienstatue in Sicherheit: Die von der Küste aus sichtbare Kapelle war ein wichtiger Wallfahrtsort für Seeleute.

Ihren Namen hat sie vom 1297 heiliggesprochenen französischen König Ludwig IX., der sich in Tournehem nicht sehr christlich aufführte: Er belagerte die Stadt, deren Einwohner kurioserweise heute noch »Sarrazins« genannt werden, also Sarazenen. Verbündet waren sie zwar mit den Engländern, aber offenbar nahm man das nicht so genau. Ludwigs Truppen litten Durst, bis der König mit seinem Stab auf den Boden klopfte – und siehe da: Wasser sprudelte heraus.

Wie stets in diesen Fällen baute man gleich eine Kapelle am Ort der wundersamen Quelle. Diese ist allerdings verschwunden: Ein Bauer, genervt von den Pilgern, die ihm ständig die Felder zertrampelten, soll Quecksilber hineingeschüttet haben. Die Quelle begann sofort zu vertrocknen – und der Giftmischer mit ihr.

Adresse Route du Mont Saint-Louis, 62890 Tournehem-sur-la-Hem | **Anfahrt** Tournehem-sur-la-Hem liegt etwa 20 Kilometer südlich von Calais, die Kapelle an der D 225, ein kleiner Parkplatz ist vorhanden. | **Tipp** So erhebend die Kapelle von Guémy ist, so beklemmend wirkt der gigantische Bunker im nahen Éperlecques auf den Besucher: Er sollte als Abschussbasis für Hitlers V2-Raketen dienen, wurde aber rechtzeitig von britischen Bombern unschädlich gemacht.

104 Das Graffiti-Museum

Graffiti aus 10.000 Jahren

Wenn Soldaten auf die Schlacht, Matrosen auf die Ausfahrt oder Häftlinge auf die Hinrichtung warten müssen, wird ihnen oft langweilig. Ein Messer oder sonst ein harter Gegenstand schafft Abhilfe: Die nächste Wand ist schließlich nicht weit, und quälende oder immer wiederkehrende Gedanken wird man nun einmal dann am besten los, wenn man sie zu Papier bringt – oder, falls keines zur Hand, in Stein ritzt. Matrosen denken vor allem über Schiffe nach, scheint es. Das fiel eines Tages auch dem Künstler Serge Ramond auf, der gern an die normannische Küste fuhr. Die vielen Schiffs-Graffiti, die er dort an allen möglichen Orten sah, brachten ihn auf eine Idee: Mit Knetmasse fertigte er »Negative« der Bilder an, die er zu Hause im pikardischen Dörfchen Verneuil-en-Halatte in Gipsformen drückte. Diese färbte er ein und fertigte damit Drucke an, die er mit Aquarellfarben nachbearbeitete. Die hohe Qualität der Darstellungen wurde oft erst durch die Farbe sichtbar. Ermutigt von seinen Versuchen begann sich der Künstler auch für andere alte Graffiti zu interessieren, etwa diejenigen, die Häftlinge in den Kerkern diverser Ritterburgen hinterlassen hatten. Seine wachsende Sammelleidenschaft führte Serge Ramond durch ganz Frankreich, und auch bei Reisen nach England und Schweden hatte er seine Knetmasse stets dabei.

Die über 3.500 Abdrücke umfassende Sammlung ist heute ein faszinierendes Museum, das geritzte Zeugnisse aus Zehntausenden Jahren Menschheitsgeschichte versammelt. Für ihre Besichtigung am originalen Ort müsste man mühselige Reisen auf sich nehmen, wenn sie nicht überhaupt längst verschwunden sind. Unzählige religiöse Darstellungen von in Kerkern schmachtenden Tempelrittern sind hier zu bestaunen, drastische Darstellungen der bevorstehenden Hinrichtung von Häftlingen, teils obszöne, teils berührende Graffiti von Soldaten aus beiden Weltkriegen – und natürlich: unzählige Schiffe.

Adresse 2 Place de Piegaro, 60550 Verneuil-en-Halatte | Anfahrt Verneuil grenzt im Südwesten direkt an Creil, das Museum ist gut ausgeschildert. | Öffnungszeiten Mi–Mo 14–18 Uhr | Tipp Fährt man über die N 330 von Senlis kommend ins Museum, lohnt sich ein Stopp beim Dörfchen Aumont: Die »Butte d'Aumont« ist eine riesige Sanddüne mitten im Wald, von deren Gipfel man über das Blätterdach des Waldes bis zur Kathedrale von Senlis sieht.

105 Le Démocrate de l'Aisne

Die letzte Bleisatz-Zeitung der Welt

Sie können ganz schön nerven, diese Telefon-Scherzbolde, doch Jacques Piraux ist ein höflicher Mann: »Es tut mir leid, Sie haben sich wohl verwählt. Auf Wiederhören!« Das Telefon klingelt erneut, die Stimme am anderen Ende der Leitung ist hartnäckig. Diesmal hört der Herausgeber der Wochenzeitung »Le Démocrate de l'Aisne« zu, ehe er auflegt. Danach ruft er sofort beim Verband der Zeitungsverleger an, um sicherzugehen. Mit allem hätte er eher gerechnet als mit einem Preis, der den futuristisch klingenden Titel »Die Zukunft der Presse« trägt. Seine Verblüffung ist nachvollziehbar: Der »Démocrate« wird auf Linotype-Maschinen aus dem Jahr 1927 gesetzt und ist damit die letzte Zeitung der Welt, die noch im Bleisatz-Verfahren entsteht. Die Halle, in der die beiden Journalisten, zwei Drucker und drei Setzer arbeiten, duftet nach Druckerschwärze, Öl und Metall und könnte ohne jeglichen Umbau als Museum durchgehen. Doch hier entsteht ein Weltblatt: Selbst nach Australien, Mexiko oder Chile werden Exemplare verschickt. Der Schock war riesig, als vor einigen Monaten ein wichtiger Teil der Druckmaschine brach und es so aussah, als wäre die Epoche des »Démocrate« endgültig vorbei. »Es haben vor allem junge Leser besorgt angerufen«, erzählt Journalistin Eléonore Dufrenois. Längst haben die Enkel die Abos ihrer Großeltern übernommen: Das Traditionsblatt zu lesen ist in der Region offenbar eine Frage der Haltung. Schließlich fand sich eine Gießerei, die ein Ersatzteil nachbauen konnte. Die demontierte Maschine wurde gründlich gereinigt, die Seiten des »Démocrate« sind heute so schön wie nie zuvor.

Es war übrigens ein Sonderpreis, den die Jury der »Zukunft der Presse« im Herbst 2017 vergeben hat: den für den »Favoriten der Herzen« (Coup de cœur). Für seine Rede, eine Liebeserklärung an das alte Zeitungsmacher-Handwerk, erhielt Jacques Piraux Standing Ovations.

Adresse 2 Rue Dusolon, 02140 Vervins | **Anfahrt** Der Sitz der Zeitung befindet sich am Ostrand des Zentrums von Vervins, Parkplätze sind vorhanden. | **Tipp** Ein weiteres, schön selbstironisches Stück Lebensgefühl der Region rund um Vervins finden Sie auf YouTube: Es ist der Hit »Marly Gomont« des rappenden Krankenpflegers Kamini, der dort als einziger Schwarzer weit und breit aufwuchs. Ideal zur Einstimmung!

106 Die Deckenbalken

Arbeiten, solange die Finger noch können

Die historische Grafschaft Brie – genau, die mit dem Käse – war unter dem Ancien Régime dreigeteilt: Zur Île-de-France zählte die »französische Brie«, die »Brie champenoise« war Teil der Champagne – und was übrig blieb, nannte man »lausige Brie«. Ein unverdienter Name für die hübsche Gegend, die heute den südöstlichen Spitz der Hauts-de-France bildet: Ein gut erhaltenes steinernes Dörfchen reiht sich dort ans andere, auffallend sind die vielen schönen gotischen Kirchen inmitten der sanft hügeligen Landschaft. Der Spitzname »lausig« dürfte purem Neid entsprungen sein, so idyllisch ist dieses Fleckchen Erde.

Die Kirche von Viffort zählt zu den Besonderheiten der Gegend, was gar nicht daran liegt, dass zwischen dem Bau des gotischen Langhauses und demjenigen des Chores 100 Jahre vergangen sind, in denen die Gotik offenbar einen Riesenschritt nach vorn gemacht hat – so viel verraten bereits die beiden unterschiedlichen Bauteile der am Hang liegenden Kirche.

Diese ist eine der wenigen französischen Dorfkirchen, deren Inneres man ohne organisatorische Schwierigkeiten besichtigen kann. Man besorge sich in Madame Minards gegenüberliegendem Gemischtwaren- und Tabakladen, der auch noch als Café-Bar und Billardsaal dient, den Schlüssel zur Kirche und richte drinnen den Blick zur Decke: 88 Deckenbalken sind dort zu bestaunen, jeder mit Schnitzereien verziert, kein Balken gleicht dem anderen. Die Muster wurden von den Leprakranken, die einst im nahen Montlevon untergebracht waren, geschnitzt. Erwarteten sie sich durch ihre Arbeit an der Kirche etwa Heilung von ihrem Leid?

Der Grund für ihren Einsatz ist prosaischer: Man wusste damals bereits, dass die Krankheit durch Holz nicht übertragen werden kann. Und man wollte die Arbeitskraft der Leprakranken ausnützen, solange sie ihre Hände noch gebrauchen konnten.

Adresse 1 Route de Condé, 02450 Viffort | **Anfahrt** Viffort liegt etwa zehn Kilometer südlich von Château-Thierry an der D 1. | **Tipp** Nicht versäumen sollte man die nahe Kirche von Saint-Eugène mit einem sehenswerten »Jüngsten Gericht« über dem Portal. Auch diese Kirche kann besichtigt werden, die nötigen Informationen findet man am Eingangstor.

107 Das Hünengrab

Eine 7.000 Jahre alte Feenschaukel

Leere Gräber spielen an diesem Ort eine zentrale Rolle: »Gehöft des Heiligen Grabes«, *Villare Sancti Sepulchri*, ist der älteste bekannte Name des heutigen Villers-Saint-Sépulcre. Im Jahr 1060 brachte Ritter Lancelin aus Beauvais ein Fragment des Heiligen Grabmals von einem Kreuzzug mit. Eine Prioratskirche wurde gebaut, Benediktiner wachten über die kostbare Reliquie. Sie überstand selbst die Revolution, wenn auch der Begriff »Heiliges Grab« damals vorübergehend aus dem Namen der Gemeinde gestrichen wurde. 1974 wurde die Reliquie gestohlen, dafür heißt der Ort mittlerweile wieder danach.

Immerhin gibt es noch ein zweites Grab unweit des Ortes, den »Dolmen de la Pierre aux Fées«. Zwischen dem fünften und dem dritten Jahrtausend vor Christus wurden in ganz Europa Zehntausende dieser Anlagen errichtet, die heute noch Rätsel aufgeben. Lange Zeit wurde bezweifelt, dass es sich überhaupt um Gräber handelt. Ungewiss ist nach wie vor, ob die aufwendig errichteten Grabstätten der Elite vorbehalten oder Massengräber waren. Gute 20 Minuten Fußmarsch muss man von der Ortseinfahrt von Villers-Saint-Sépulcre aus investieren, um sich vor Ort ein Bild von einem dieser geheimnisumwitterten Gräber zu machen. Zahlreiche Skelette wurden darin im 19. Jahrhundert gefunden, eine rundliche Öffnung ragt in der Mitte aus dem verschütteten Untergrund. Ursprünglich mit einem runden Stein verschlossen, symbolisierte sie wohl den Übergang vom Leben zum Tod und trennte die Begräbniskammer vom Rest der Anlage. Vorsicht ist bei abendlichen Besuchen geboten: Ein mächtiger flacher Felsbrocken, der als Dach dient, ist wackelig und wird von geheimnisvollen weißen Damen als nächtliche Schaukel benutzt. Nähert man sich ihnen respektvoll, geschieht einem nichts. Wer sie jedoch stört, dem rauben sie je nach Schwere des Vergehens das Heu, das Getreide oder das Kind.

Adresse Rue de Hez, 60134 Villers-Saint-Sépulcre | Anfahrt Von Beauvais über die D 1001 nach Warluis, dort links nach Villers-Saint-Sépulcre abbiegen (D 513). Bei der Ortstafel befindet sich ein Parkplatz, von dort gut 20 Minuten zu Fuß einen Karrenweg entlang. Eine Tafel weist den Weg zum Hünengrab. | Tipp Bei Warluis liegt in stiller Waldeinsamkeit das ehemalige Zisterzienserkloster Saint Arnoult. Das Pförtnerhaus der liebevoll restaurierten Anlage aus dem 12. Jahrhundert kann seit Herbst 2018 als Ferienhäuschen gemietet werden. Reservierungen unter Tel. +33/651358662 bei Eric und Caroline Medioni.

108 La Baie d'Authie

Krabben, Kaninchen, Klapperstörche

Ein regelmäßiges Knirschen begleitet den Spaziergang entlang des Flusses Authie, der vom kleinen Hafen Port de la Madelon in Waben bis zu seinem Mündungsgebiet am Ärmelkanal führt. Anfangs ist es noch ungewohnt, doch es lässt sich einfach nicht vermeiden: Man steigt unweigerlich auf die knirschenden Panzer unzähliger kleiner verendeter Krabben, die den Weg förmlich pflastern. Bei Ebbe zieht sich das Wasser offenbar zu schnell für viele der sonst so flinken kleinen Krebse zurück.

Die Bucht der Authie gilt als »kleine Schwester« der Somme-Bucht, doch der Vergleich ist nicht wirklich fair. Trotz vieler Gemeinsamkeiten, etwa einer vielfältigen Tier- und Pflanzenwelt und einem Himmel, der einem das Gefühl gibt, in einem Cinemascope-Film spazieren zu gehen, hat die kleinere Bucht einen ganz eigenen Charakter. Außerdem könnte man sie genauso gut mit Katalonien vergleichen: Bleibt man kurz stehen, etwa um die eine oder andere Handvoll Seeastern zu pflücken, die in Hülle und Fülle am Wegrand wachsen, sieht man immer wieder Kaninchen aus dem Gebüsch neben dem Spazierweg hoppeln und zwischen den toten Krabben nach Nahrung suchen – »Mar y Montaña« nennt man diese Kombination auf der Iberischen Halbinsel freilich erst, nachdem man die Kaninchen mitsamt den Meeresfrüchten in den Kochtopf befördert hat.

Doch lassen wir die Vergleiche. Binnen weniger Schritte schwingt man sich ein auf die weite, einsame, nur scheinbar stille Landschaft: Seevögel erfüllen die Luft mit ihrem Geschrei, während in majestätischer Ruhe ein Storch einen weiten Bogen zieht, auf der anderen Seite des Flussbettes landet und gemächlich durchs Gras staksend hinter den Dünen verschwindet. Knirschenden Schrittes nähert man sich einer Reihe Dünen, die den Weg versperren, im Nu erklommen sind und den Blick noch ein Stück weiter, den Himmel noch ein Stück näher wirken lassen.

Adresse 198 Rue de la Baie d'Authie, 62180 Waben | Anfahrt Im Zentrum Wabens zweigt die Rue de la Baie d'Authie von der D940 ab – einfach der Straße bis zum Port de la Madelon folgen. | Tipp Ein Abstecher nach Berck lohnt sich nicht nur wegen der Robbenkolonien gegenüber dem Hafen, sondern auch wegen des Museums, in dem neben einigen großen Impressionisten auch die Künstler der naturalistischen »École de Berck« ihren angestammten Ehrenplatz einnehmen.

109_Die Säule

Was Napoleon am Rücken vorbeigeht

Es muss unglaublich ärgerlich gewesen sein. So eine Eroberung will ja gründlich geplant werden. Man rekrutiert und versammelt also eine der größten Armeen, die die Welt je gesehen hat, rüstet sie aus, richtet sie ein, verpflegt und trainiert sie zwei Jahre lang, während man wie besessen Schiffe baut – keine kleine logistische Herausforderung, das alles. Irgendwann weiß man auch, wie man Zehntausende Soldaten trotz der verflixten Gezeiten und ständigen Stürme halbwegs schnell auf Schiffe verladen wird können, ohne dass diese gleich vom Feind versenkt werden. Dann wartet man auf die Verstärkung, die noch in diversen anderen Meeren kreuzt. Und da glauben diese Österreicher tatsächlich, währenddessen in aller Seelenruhe den Rhein überschreiten zu können, da man ja gerade anderweitig beschäftigt ist. Da kann auch dem gutmütigsten Eroberer der Kragen platzen.

Man darf sich die Statue, die in luftigen 50 Metern Höhe auf der Spitze ihrer Säule bei Wimille steht, also als eine Art 3-D-Polaroidaufnahme vorstellen. Genau so, den Zweispitz tief in die Stirn gezogen, die Hand trotzig unter den Janker gesteckt und unendlich grantig muss der Kaiser der Franzosen ausgesehen haben, als er den schönen Plan, ein Dreivierteljahrtausend nach Wilhelm dem Eroberer wieder einmal England zu unterwerfen, aufgeben musste. Napoleon machte also kehrt (was die Blickrichtung der Statue erklärt) und marschierte nach Osten, um dem nervigen Kollegen in Wien die Leviten zu lesen. Er schlug die Österreicher bei Donauwörth, Wertingen, Günzburg, Haslach-Jungingen, Memmingen, Elchingen, Nerenstetten, Neresheim, Ulm, Ried, Lambach, Bodenbichl, Steyr, Amstetten, Mariazell, Dürnstein, Hollabrunn, Wischau und Austerlitz, da waren auch ein paar Russen dabei. Wenn man ihn schon nicht in Ruhe das britische Empire erobern lässt, muss halt das Heilige Römische Reich dran glauben. Das haben sie jetzt davon!

Adresse Avenue de la Colonne, 62126 Wimille | **Anfahrt** über die A 16, von Boulogne auch über die Küste gut erreichbar | **Öffnungszeiten** Jan.–Mitte Juni, Okt.–Dez. Fr–So 10–12 und 14–16 Uhr, Mitte Juni–Sept. Mi–So 10–12.30 und 14.30–18.30 Uhr | **Tipp** Die nahe Pointe de la Crèche mit den Resten eines Forts aus dem späten 19. Jahrhundert lohnt einen Abstecher.

110 Die heilige Wilgefortis

Sankt MeToo

Sieben Jahre nachdem er drei Kinder zerstückelt und gepökelt hatte, bekam ein mörderischer Metzger Besuch vom heiligen Nikolaus. Der Gast verlangte nach dem Gepökelten, der enttarnte Verbrecher floh in Panik. Nikolaus hielt seine Hände über das Fass mit dem Pökelfleisch – und hopp, sprangen die drei Kinder quicklebendig wieder heraus. Eine Statue in der Nikolauskirche von Wissant zeigt die bekannte Episode, eine von vielen aus dem angeblichen Leben des Heiligen, von dem es kein einziges direktes Zeugnis gibt. Man kennt ihn wie viele andere Heilige auch nur vom Hörensagen. Im Grunde ist es ja gleichgültig, ob es den sagenumwobenen Bischof tatsächlich gab oder nicht. Die Legenden und Geschichten sprechen uns an, weil sie uns etwas über die Menschheit an sich erzählen.

Noch eine Statue befindet sich in der Nikolauskirche: eine gekreuzigte Frau mit Bart, bekannt unter dem Namen Wilgefortis. Auch um die vor allem in den Niederlanden, in Spanien und Süddeutschland populäre Heilige ranken sich verschiedene Legenden. Ihr heidnischer Vater habe die zum Christentum Konvertierte zwangsverheiraten wollen. In höchster Not betete Wilgefortis zu Gott, der ihr über Nacht einen Bart sprießen ließ – worauf dem Bräutigam die Lust verging. In anderen Legenden wird Wilgefortis durch den spontanen Bartwuchs vor der drohenden Vergewaltigung durch betrunkene Soldaten oder vor dem Missbrauch durch den eigenen inzestuösen Vater gerettet. In allen Fällen rächen sich die verhinderten Triebtäter, indem sie die Widerspenstige kreuzigen lassen.

Die katholische Kirche erklärte Wilgefortis im 19. Jahrhundert zur Erfindung und strich ihr Fest, das am 20. Juli gefeiert wurde, aus dem liturgischen Kalender. Von einem Einspruch gegen die Wunder des heiligen Nikolaus ist hingegen nichts bekannt. Höchste Zeit, die Trennlinie zwischen »echten« und »erfundenen« Heiligen neu zu ziehen.

Adresse 2–4 Place de la Mairie, 62179 Wissant | **Anfahrt** auf halber Strecke zwischen Calais und Boulogne-sur-Mer – auf jeden Fall die Küstenstraße D 940 nehmen! | **Öffnungszeiten** Die Kirche ist »tagsüber geöffnet« – falls nicht, unter Tel. +33/321346477 anrufen! | **Tipp** Von außen mag es auf den ersten Blick nicht so verlockend aussehen, doch Chez Nicole gleich gegenüber ist eines der schönsten Gasthäuser weit und breit und zu Recht legendär für seine Moules-Frites.

111 Das Wrack

Was von der Operation Dynamo blieb

Bei Ebbe ragen ungewöhnlich geformte Felsen nicht weit vor dem Strand von Zuydcoote aus dem Wasser, von Möwen als Landeplatz genützt. Ist man zum richtigen Zeitpunkt dort und sieht näher hin, erkennt man die Umrisse eines Schiffes. Es sind die Überreste der »Crested Eagle«, eines Raddampfers, der einst als Passagierschiff die Themse befuhr. 1940 wurde er wie viele andere zivile Schiffe auch von der Britischen Marine in Dienst genommen: Es galt die britischen Truppen zu retten, die in Dunkerque von den Deutschen eingekesselt waren. Beinahe 300.000 Soldaten der British Expeditionary Force (BEF) hatte Großbritannien nach Frankreich entsandt. Nach dem unerwartet schnellen deutschen Vorstoß saßen sie nun bei Dunkerque in der Falle. Großbritannien beschloss, seine Armee aus der aussichtslosen Situation zu evakuieren – zur großen Frustration der sich im Stich gelassen fühlenden Franzosen. In einer dramatischen Rettungsaktion im Mai und Juni fuhren Tausende Schiffe über den Ärmelkanal, um die Briten nach Hause zu bringen, attackiert von deutschen Stukas, die zahlreiche Schiffe in Brand schossen und versenkten. Gedeckt wurde der Abzug von den französischen Truppen, die in einer opferreichen Schlacht die endgültige Einnahme des von deutschen Bombern nahezu völlig zerstörten Dunkerque so lange wie möglich hinauszögerten.

Auch die »Crested Eagle«, die mit 600 Soldaten an Bord am 28. Mai 1940 um sechs Uhr abends aus dem Hafen von Dunkerque auslief, wurde sofort von Stukas angegriffen. Nach einer halben Stunde stand der alte hölzerne Raddampfer in Flammen. Kapitän Booth steuerte den nächsten Strand an und ließ das brennende Schiff bei Zuydcoote auf Grund laufen, damit sich noch möglichst viele Soldaten retten konnten. 300 Tote wurden geborgen – ob sich noch welche im längst von Sand und Schlamm verschluckten Schiffsbauch befinden, weiß niemand so genau.

Adresse 147 Rue de Wattrelos, 59123 Zuydcoote | Anfahrt über die A 16 – Zuydcoote ist der vorletzte französische Ort vor der belgischen Grenze | Tipp Alles über die Operation Dynamo erfährt man im Museum Dunkerque 1940: Rue des Chantiers de France, 59140 Dunkerque, www.dynamo-dunkerque.com. Verpassen Sie aber auch nicht die Aussicht vom Belfried der Stadt.

1
DUNKERQUE
61
111
CALAIS
Gravelines
Grande-Synthe
19
A16
Bourbourg
Bergues
Wissant
110
NORD
36
50
Audinghen
Audruicq
Esquelbecq
Herzeele
56
A25
11
Ardres
Landrethun-le-Nord
103
84
20
3
52
Cassel
A16
Rinxent
Ambleteuse
A26
92
109
93
Saint Omer
Longuenesse
9
14
15
Hazebrouck
Arques
Boulogne-sur-Mer
Desvres
30
Samer
102
Aire-sur-la-Lys
Condette
Thérouanne
Isbergues
82
PAS-DE-CALAIS
Lillers
37
Étaples
Fruges
Auchel
17
76
Montreuil
Bruay-la-Bussière
Rang-du-Fliers
Berck
Saint-Pol-sur-Ternoise
108
98
40
7
Hesdin
Argoules
Quend
A16
43
97
Rue
Crécy-en-Ponthieu
Frévent
60
32
Le Crotoy
22
23
Nouvion
PAS-DE-CALAIS
21
85
Cayeux-sur-Mer
Doullens
Ault
Saint-Blimont
Saint-Riquier
Bernaville
1
Beauval
12
Abbeville
SOMME
Beauquesne
Somme
A16
81
A28
Naours
Flixecourt
Villers-Bocage

2
N
0
5 km
BELGIEN
Menen
Halluin
Roncq
Tourcoing
Roubaix
Bondues
Bailleul
LILLE
Lys-lez-Lannoy
Estaires
Laventie
Loos
Ronchin
Seclin
Béthune
La Bassée
Wingles
Carvin
Oignies
Courrières
Liévin
Lens
Hénin-Beaumont
Avion
Méricourt
Mont-Saint-Éloi
Douai
NORD
Saint-Amand-les-Eaux
Condé-sur-l'Escaut
Raismes
Valenciennes
Somain
Aniche
Denain
Bouchain
Arras
Bavay
Rivière
Aulnoye-Aymeries
Solesmes
Englefontaine
Cambrai
Caudry
Landrecies
Le Cateau-Cambrésis
Bucquoy
Les-Rues-des-Vignes
Bohain-en-Vermandois
Ovillers
Longueval
Étreux
A22
A25
A27
A1
A23
A26
A21
A2
8
34
66
67
65
64
16
70
74
2
79
83
73
10
55
59
62
69
88

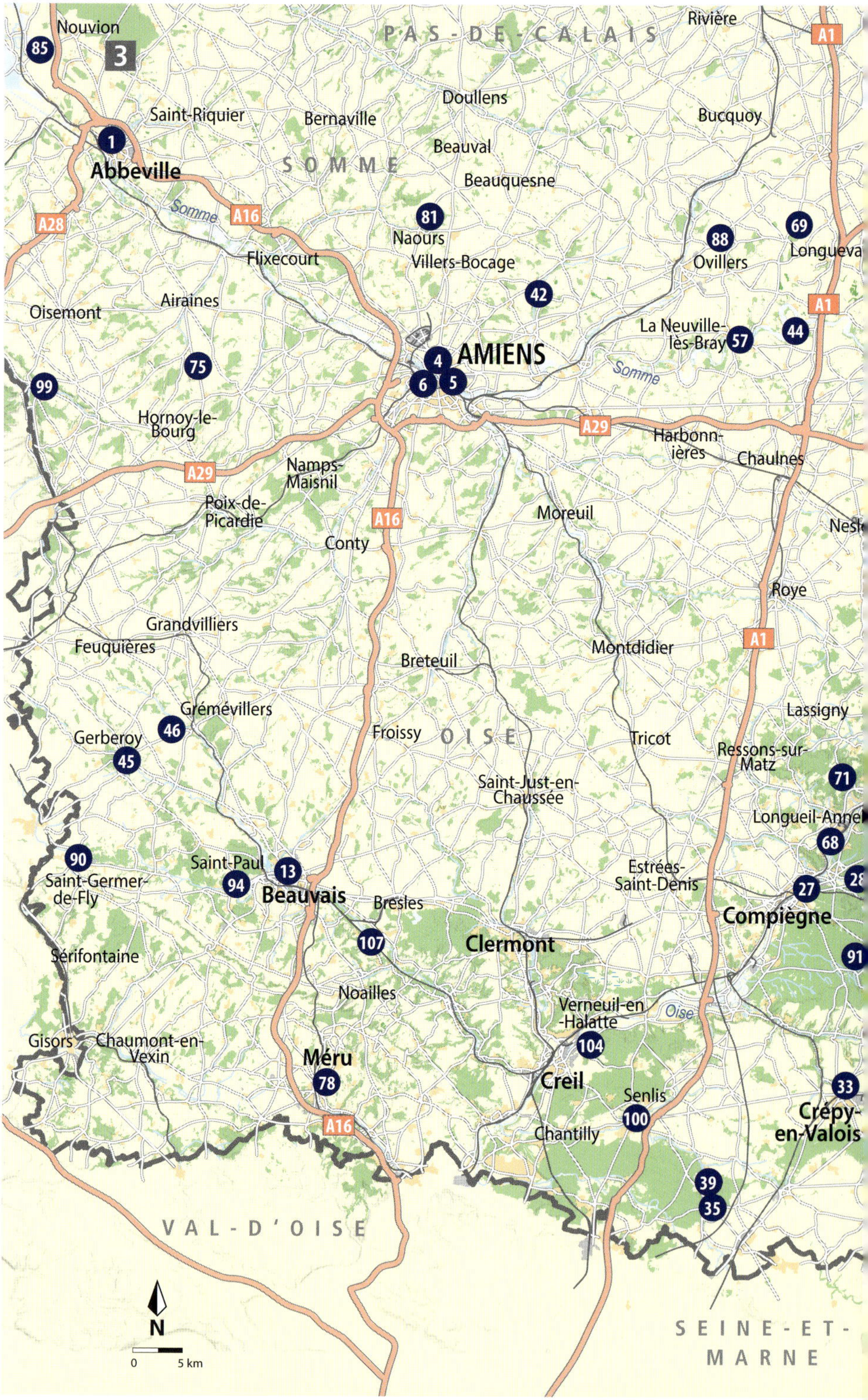
3
PAS-DE-CALAIS
SOMME
OISE
VAL-D'OISE
SEINE-ET-MARNE
Nouvion
Rivière
Saint-Riquier
Bernaville
Doullens
Bucquoy
Abbeville
Beauval
Beauquesne
Somme
Naours
Villers-Bocage
Ovillers
Longueval
Flixecourt
Oisemont
Airaines
La Neuville-lès-Bray
AMIENS
Hornoy-le-Bourg
Harbonnières
Chaulnes
Namps-Maisnil
Poix-de-Picardie
Moreuil
Nesle
Conty
Roye
Grandvilliers
Feuquières
Breteuil
Montdidier
Grémévillers
Lassigny
Gerberoy
Froissy
Tricot
Ressons-sur-Matz
Saint-Just-en-Chaussée
Longueil-Annel
Saint-Paul
Saint-Germer-de-Fly
Beauvais
Bresles
Estrées-Saint-Denis
Compiègne
Clermont
Sérifontaine
Noailles
Verneuil-en-Halatte
Oise
Gisors
Chaumont-en-Vexin
Méru
Creil
Senlis
Crépy-en-Valois
Chantilly
A1
A16
A28
A29
N
0
5 km

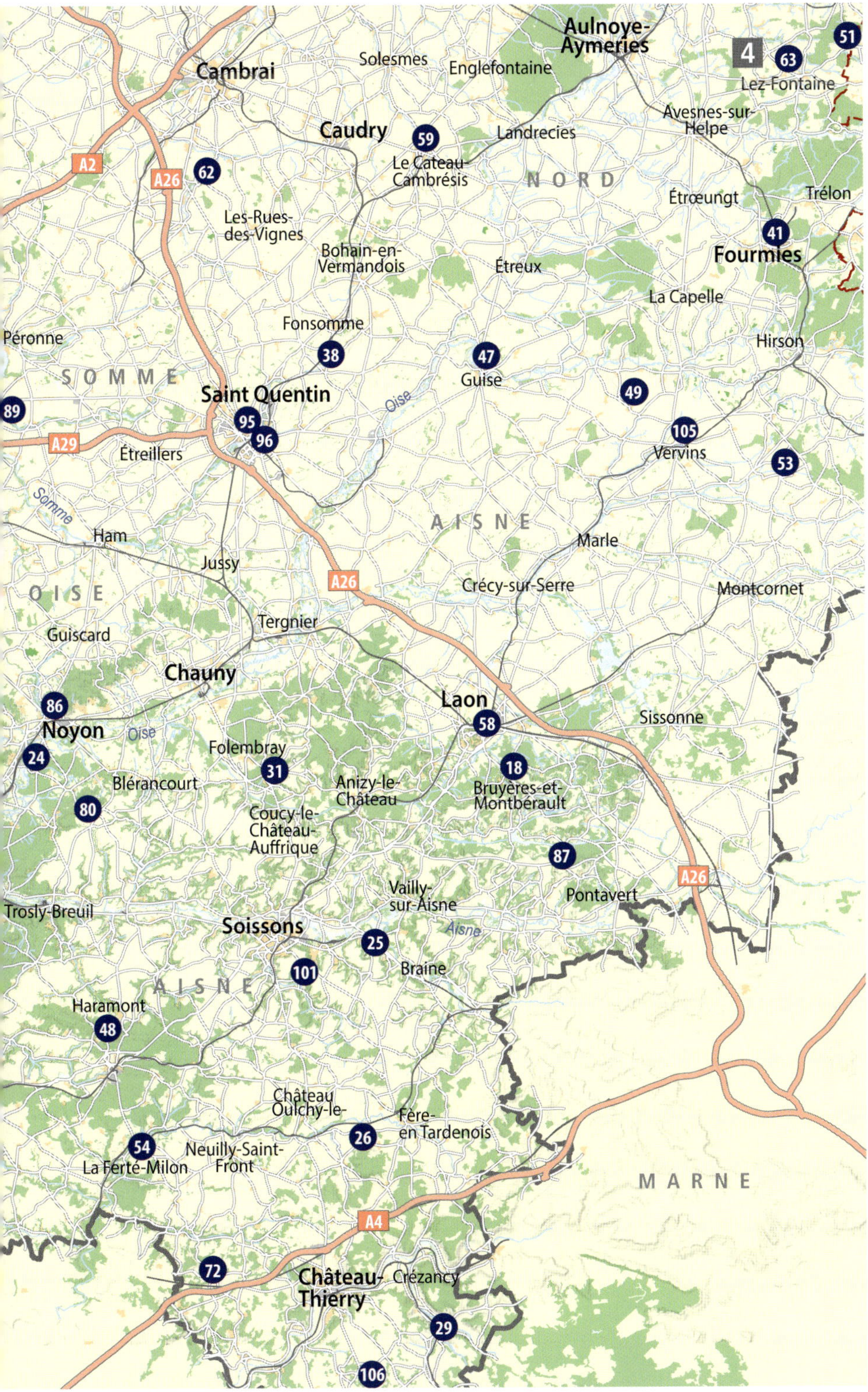
4
Aulnoye-Aymeries
51
63
Lez-Fontaine
Cambrai
Solesmes
Englefontaine
Avesnes-sur-Helpe
Caudry
59
Landrecies
A2
A26
62
Le Cateau-Cambrésis
N O R D
Étrœungt
Trélon
Les-Rues-des-Vignes
41
Fourmies
Bohain-en-Vermandois
Étreux
La Capelle
Fonsomme
Péronne
38
47
Hirson
S O M M E
Guise
49
Saint Quentin
Oise
89
95
105
96
Vervins
A29
Étreillers
53
Somme
A I S N E
Ham
Marle
Jussy
O I S E
A26
Crécy-sur-Serre
Montcornet
Tergnier
Guiscard
Chauny
Laon
86
58
Sissonne
Noyon
Oise
Folembray
24
31
18
Blérancourt
Anizy-le-Château
Bruyères-et-Montbérault
80
Coucy-le-Château-Auffrique
87
Vailly-sur-Aisne
A26
Pontavert
Trosly-Breuil
Soissons
25
Aisne
101
Braine
A I S N E
Haramont
48
Château
Oulchy-le-
Fère-en Tardenois
26
54
Neuilly-Saint-Front
La Ferté-Milon
M A R N E
A4
72
Château-Thierry
Crézancy
29
106

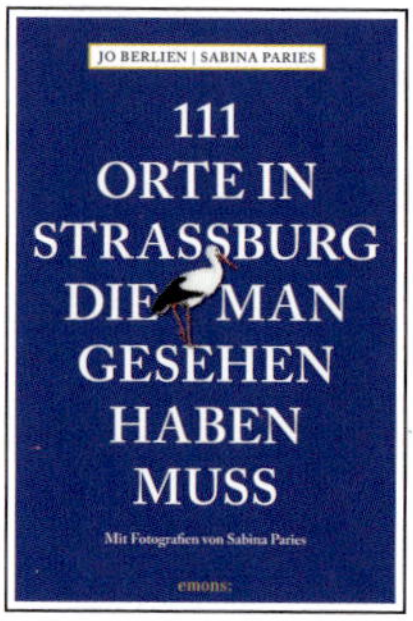

Jo Berlien, Sabina Paries
111 Orte in Straßburg, die man gesehen haben muss
ISBN 978-3-7408-0576-0

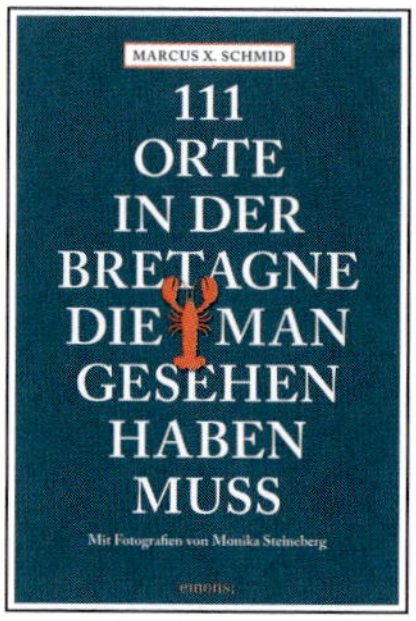

Marcus X. Schmid,
Monika Steineberg
111 Orte in der Bretagne, die man gesehen haben muss
ISBN 978-3-7408-0572-2

Evelyn Pschak von Rebay
111 Orte in den (französischen) Pyrenäen, die man gesehen haben muss
ISBN 978-3-7408-0562-3

Sybil Canac, Renée Grimaud,
Katia Thomas
111 Orte in Paris, die man gesehen haben muss
ISBN 978-3-95451-847-0

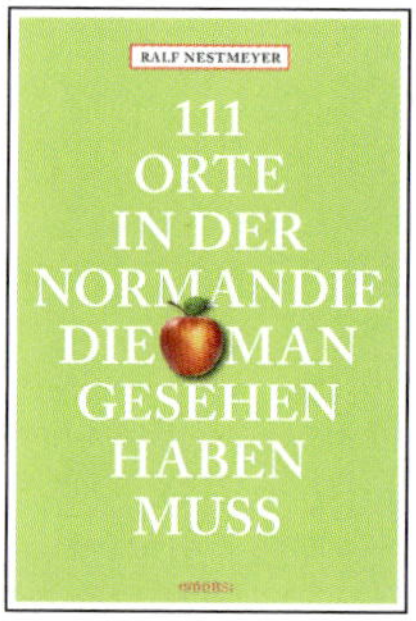

Ralf Nestmeyer
111 Orte in der Normandie, die man gesehen haben muss
ISBN 978-3-95451-839-5

Barbara Krull
111 Orte im Elsass, die man gesehen haben muss
ISBN 978-3-95451-596-7

Ralf Nestmeyer
111 Orte an der Côte d'Azur, die man gesehen haben muss
ISBN 978-3-95451-563-9

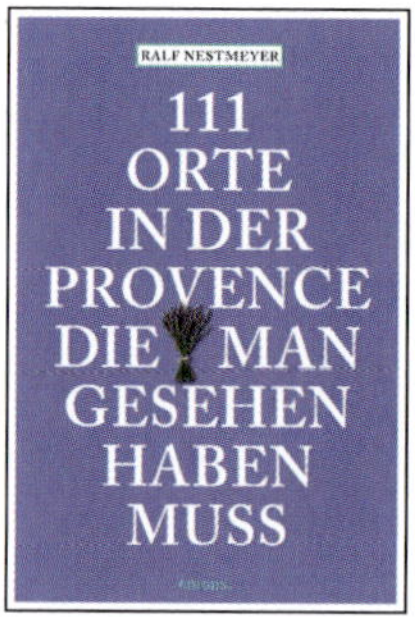

Ralf Nestmeyer
111 Orte in der Provence, die man gesehen haben muss
ISBN 978-3-95451-094-8

Joscha Remus
111 Orte in Luxemburg (Stadt), die man gesehen haben muss
ISBN 978-3-7408-0363-6

Kay Walter, Rüdiger Liedtke
111 Orte in Brüssel, die man gesehen haben muss
ISBN 978-3-7408-0128-1

Peter Gitzinger
111 Orte im Saarland, die man gesehen haben muss
ISBN 978-3-89705-709-8

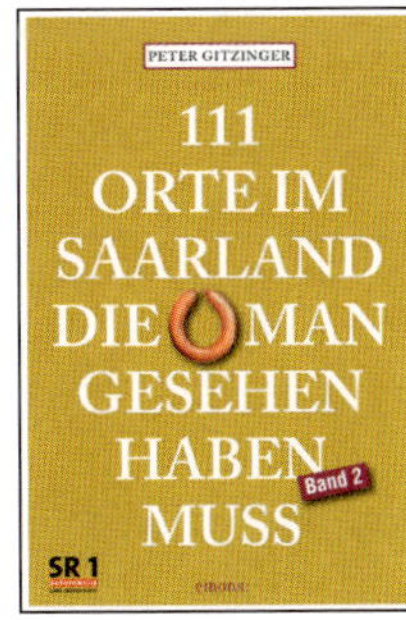

Peter Gitzinger
111 Orte im Saarland, die man gesehen haben muss, Band 2
ISBN 978-3-89705-886-6

Alexander Barth, Eckhard Heck
111 Orte in Aachen und der Euregio, die man gesehen haben muss
ISBN 978-3-89705-931-3

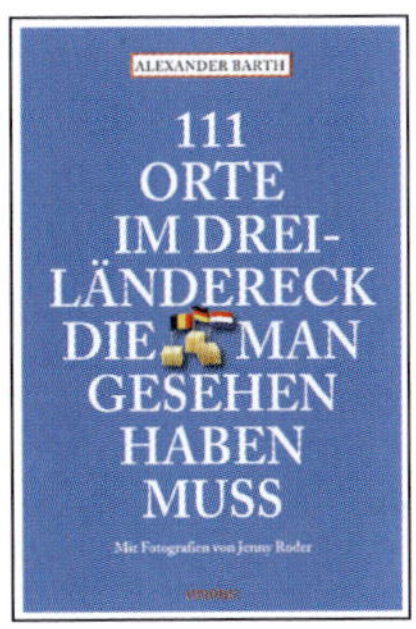

Alexander Barth, Jenny Roder
111 Orte im Dreiländereck, die man gesehen haben muss
ISBN 978-3-95451-316-1

Alexander Barth, Jenny Roder
111 Orte in Lüttich, die man gesehen haben muss
ISBN 978-3-95451-925-5

Eckhard Heck
111 Orte in Maastricht, die man gesehen haben muss
ISBN 978-3-95451-368-0

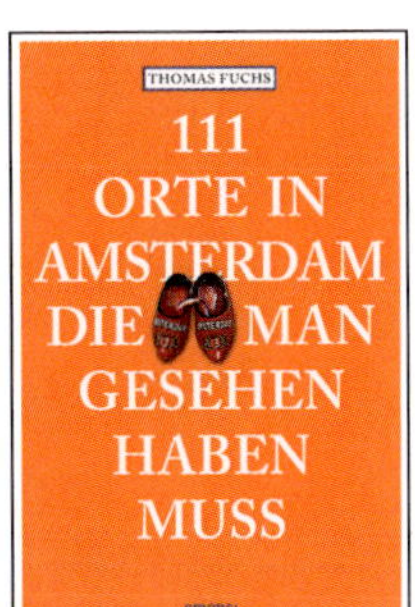

Thomas Fuchs
111 Orte in Amsterdam, die man gesehen haben muss
ISBN 978-3-95451-209-6

Thomas Fuchs
111 Orte in Nordholland, die man gesehen haben muss
ISBN 978-3-7408-0553-1

John Sykes, Birgit Weber
111 Orte in London, die man gesehen haben muss
ISBN 978-3-95451-117-4

Peter Bieg, Maximilian Staub
111 Orte in Trier, die man gesehen haben muss
ISBN 978-3-95451-848-7

Elisabeth Friesenhahn, Peter Friesenhahn
111 Orte im Hunsrück, die man gesehen haben muss
ISBN 978-3-95451-319-2

Barbara Kemmer, Frank Schmitt
111 Orte in Koblenz, die man gesehen haben muss
ISBN 978-3-7408-0439-8

Anke Müller
111 Orte an der Mosel, die man gesehen haben muss
ISBN 978-3-95451-325-3

Stefanie Jung
111 Orte in Rheinhessen, die man gesehen haben muss
ISBN 978-3-95451-082-5

Bernd Imgrund
111 Orte in der Eifel, die man gesehen haben muss
ISBN 978-3-95451-003-0

Bernd Imgrund
111 Orte in der Eifel, die man gesehen haben muss, Band 2
ISBN 978-3-7408-0552-4

Bernd Imgrund, Britta Schmitz
111 Kölner Orte, die man gesehen haben muss
ISBN 978-3-89705-618-3

Bernd Imgrund, Britta Schmitz
111 Kölner Orte, die man gesehen haben muss, Band 2
ISBN 978-3-89705-695-4

Bernd Imgrund, Nina Osmers
111 Orte im Kölner Umland, die man gesehen haben muss
ISBN 978-3-89705-777-7

Eckhard Heck
111 Orte in Bonn, die man gesehen haben muss
ISBN 978-3-95451-212-6

Ursula Gilbert, Michael Klein
111 Orte im Siebengebirge, die man gesehen haben muss
ISBN 978-3-95451-921-7

Ralf Koss, Stefanie Kuhne
111 Orte im Bergischen Land, die man gesehen haben muss
ISBN 978-3-95451-027-6

Peter Eickhoff
111 Orte am Niederrhein, die man gesehen haben muss
ISBN 978-3-89705-815-6

Lust auf mehr? Laden Sie sich die »LChoice«-App runter, scannen Sie den QR-Code und bestellen Sie weitere Bücher direkt in Ihrer Buchhandlung.

LChoice

Hier bestellen

Der Autor

Georg Renöckl, geboren 1976, ist freier Autor und Journalist in Wien und zwischendurch so oft wie möglich auch in Frankreich unterwegs. Er hat zahlreiche Bücher zu Wien und Paris »abseits der Pfade« sowie zu den Märkten Wiens veröffentlicht.

Danksagung

Der Autor dankt der Region Hauts-de-France, insbesondere Claire Beaufromé, für die wertvolle Unterstützung bei der Arbeit an diesem Buch.

Mission Attractivité Hauts-de-France

HAUT & FORT HAUTS-DE-FRANCE